1% 교육

1% 교육

예일대 출신 김기영 교수의
교육 담론

1% EDUCATION

김기영 지음

지음미디어

차례

1장 시대를 관통하는 교육의 본질

2장   AI 시대에도 수학, 영어는 기본이다

3장   핵심은 창의력이다

4장 창업 교육과 금융 교육이 필요하다

5장 코딩 교육, 이제 선택이 아니다

6장   새로운 학교도 고민해 보자

추천사

최진영

디지털대성 창업자, 종로아카데미 대표, SM Universe 초대 대표

우리는 1%가 될 수 있을까? 개개인의 이야기일 수도 있지만 한국은 1%가 될 수 있을까? 약 200개의 나라 중 경제뿐만이 아닌 다양한 분야에서 열 번째 위아래에 있는 한국은 최빈국에서 상위 5% 수준의 국가까지 올라왔다. 수능이나 고교 내신에 익숙한 분들은 알겠지만 9등급 구조 안에서 1등급을 나누는 상위 4%에 종이 한 장 차이로 다가온 것이다. 유일무이하고 자랑스러울 만한 일이지만 1%가 될 수 있을지, 완벽한 1등급이 될 수 있을지, 아니면 뒤로 물러나지는 않을지 의문이다.

서양은 종교나 정치를 개혁하고, 그 개혁을 통해 자유로운 사람들이 많아지고, 그 사람들이 산업을 개혁했다. 개혁한 종교나 정치나 산업을 교육 개혁을 통해 유지하고 발전시켰다. 우리는 그 반대로 움직였다. 해방과 한국전쟁 이후 서양 교육을 따라 근대 교육을 도입했고, 거기서 배출된 사람들이 배운 것을 바탕으로 산업을 키웠다. 교육받은 사람들과 경제력을 바탕으로 서양이 만들어 놓은 민주주의를 우리 것으로 만들었다.

남들이 만든 몇백 년의 성공 순서를 거꾸로 해서 몇십 년 만에 여기까지 왔다. 전략적이고 똑똑한 패스트 팔로잉으로 자랑스러워할 만하다. 하지만 지금까지와 같은 방식으로 우리는 1%가 될 수 있을지, 오히려 뒤로 물러나지는 않을지 걱정이다. 왜 배우는지 왜 산업화하는지, 왜 민주화하는지 우리가 질문하고 답한 것이 아니었지만, 여기까지 오는 데 문제는 없었다. 앞으로도 같은 전략으로 전진이 가능하다고 생각하는 사람은 많지 않을 것이다. 새롭게 앞으로 나아가기 위해 우리는 교육부터 시작했기 때문에, 어쩌면 교육부터 바꿔야 할지 모르겠다. 많은 분이 현재의 교육을 걱정하고 있지만, 그래서 어떻게 해야 할지에 대해서는 말하지 않는다.

《1% 교육》은 바뀌어야 하는 교육에 대한 지도를 그려 준다.

세상은 너무 빨리 변한다. 기술, 정치, 인구, 기후 등 인류가 한 번도 경험하지 못한 변화가 오고 있다. 격변의 시기에 교육은 절대 변하지 않는 것은 더 잘해야 한다. 그리고 변하는 것은 빨리 이해하고, 현실에 적용하고, 새로운 것을 창조해 내야 한다. 변하지 않는 것은 역량들이고, 변하는 것은 지식이다. 독서, 수학, 운동, 언어, 리더십, 창의력 등 변하지 않는 것을 더 잘해야 변하는 것에 대한 자기 주도적 학습력이 생기고, 이런 역량 있는 인재들이 많아져야 한다. 질문 없이 벤치마킹하고 교수가 말한 것을 농담까지 외워서 성공하던 패스트 팔로잉을 잘하는 인재가 아닌, 질문하고 비판하고 협력해서 창의적인 결과물을 내는 미래의 1% 인재들이 배출되어야 한다. 그들이 한국을 1% 국가로 만들 수 있고, 한국이 1% 국가가 되는 가장 확실한 방법이고 유일한 방법일 것이다.

저자는 창업과 교육 신에서 다양한 활동을 했고, 끊임없는 시도에 언제나 존경의 감정을 가지고 수년간 만나왔다. 이 책에서는 교육만이 바꿀 수 있는 미래에 대해 어떤 교육이 필요하고 어떤 방식으로 해야 하는지를 사례와 어렵지 않은 언어로 정리해 준다. 특정 과목이나 일부 연령이나 특별한 목표를 대상으로 한 공부법이나 자기계발서가 아니다. 이 책은 꿈을 꾸는 학생들이나 학부모들이 성장이라는 긴 여정을 설계할 때 읽어야 하는 책이고, 교육 기관을 운영하거나 미래 교육에 관심이 있는 분들이 공유해야 할 책이다.

'상위 1%'라는 표현은 참 세속적이다. 불필요한 경쟁심을 만드는 느낌도 든다. 하지만 안타깝게도 세상이 바뀌어도 경쟁은 계속된다. 우리 아이들이 'AI 시대, 1%'를 목표로 한다면 그에 맞는 교육이 필요하다는 뜻이다.

AI인공지능가 전통적인 노동시장을 파괴하면서 엄친아·엄친딸의 대표 직업인 변호사와 의사의 입지조차 흔들릴 것으로 예상된다. 미리 준비하고 선제적으로 대응하지 않으면 쉽게 도태될 수 있다.

새로운 시대를 준비하는 엄마들에게는 지식과 통찰력이 필요하다. 우리 아이를 위해 '좋은 결정'을 하기 위해서는 변화하는 세상에 맞는 기준점이 있어야 한다.

필자는 운 좋게도 글로벌 테크기업에서 커리어를 시작할 수 있었고, 이후 스타트업 생태계에 들어와 벤처 투자를 업으로 삼으며 커리어를 쌓아 왔다. 그 과정에서 무척 뛰어난 창업자, 기업인, 연구자분들을 매우 많이 만날 수 있었다. 이런 경험을 통해 새로운 시대가 어떤 인재를 요구하는지에 대한 큰 확신을 얻게 되었는데, 혼자만 담아 두기에는 너무 값진 정보information와 인사이트insight였다.

이 중 부모님들과 교육자들에게 꼭 필요한 내용들을 선별해서 정리했다. 관련 사례 분석, 연구 결과, 필자의 인사이트를 균형감 있게 전달하고자 노력했다. 어렵고 불필요한 내용들은 과감하게 제거했다. 두꺼운 책은 참 부담스럽다. 꼭 필요한 정보만 쉽고 단순하게 정리했다.

　테슬라의 창업자이자 영화 〈아이언맨〉의 모델인 일론 머스크는 화성에 지구 식민지를 건설하겠다고 한다. 대뇌에 전자칩을 삽입해 컴퓨터와 소통하는 서비스도 개발 중이다. 아직 많은 기술 검증이 남았지만 SF 영화에서 보던 일들이 조금씩 현실화되고 있다.

　세상은 무서울 정도로 빠르게 변하고 있다. 그런데 부모의 마인드가 1990년대, 2000년대에 머물고 있다면? 우리 아이들에게 끔찍한 비극이다.

　'나는 우리 아이에게 좋은 엄마, 좋은 아빠인가?'

'새로운 시대에는 어떤 교육이 필요한가?'

부모와 교육자의 관점이 바뀌면 아이들의 미래도 바뀐다.

박수는 한 손으로 칠 수 없다. 노력은 오로지 아이의 몫이라는 생각은 위험하다.

이 책은 '국내용'이 아닌 '글로벌' 리더를 목표로 하는 아이를 위한 책이다. 새로운 시대를 준비하는 부모들에게 분명 도움이 될 것이라고 믿는다.

필자의 작은 나눔이 큰 변화의 시작이 되길 바란다.

1장

시대를 관통하는
교육의 본질

01

AI 시대에
문과는 사라질까?

　　　　　　　　　"소크라테스와 함께 점심 한 끼를 먹을 수 있다면 애플이 가진 모든 것과 바꾸겠다."

　애플의 창업자 스티브 잡스가 한 말이다. 그는 소크라테스처럼 깊이 생각하는 습관과 사물에 대한 끊임없는 질문들이 혁신적인 상품을 만드는 원동력이라고 믿었다. 애플이 자랑하는 독특한 글씨체 역시 그가 대학 시절 우연히 듣게 된 서체 수업 덕분이었다는 것은 잘 알려진 사실이다. 페이스북을 창업한 마크 저커버그 역시 인문학을 적극 활용했다. 그는 하버드대학에서 공부한 심리학과 IT 기술을 접목하여 '페이스북Facebook(현재 회사명은 메타Meta)'이라는 세계 최고의 SNS를 탄생시켰다.

이처럼 세계적인 테크 기업의 수장들은 인문학과 예술이 기업 경영에 핵심적인 역할을 했다고 입을 모아 말한다. 필자 역시 이들의 의견에 동의하지 않을 수 없다.

테슬라를 세운 일론 머스크는 AI의 상용화로 인해 인간의 20%만 의미 있는 직업을 갖게 될 것이라고 주장했다. 기술 혁명이 인간의 신체뿐 아니라 지적 노동력까지 대체한다는 뜻이다. 하지만 AI와 같은 새로운 기술들이 쉽게 침범할 수 없는 인간 고유의 영역들이 있다. 대표적인 것이 바로 '정서적 역량'이다.

단순한 반복 업무나 특정 직무 수행을 위한 과학기술 등은 AI가 쉽게 대체할 수 있는 영역이다. 하지만 창의적인 문제해결 능력을 통해 새로운 문제를 찾아내고 사물을 비판적으로 바라보는 인문학적 사유는 인간이 더 뛰어나다. 기계는 개인이나 조직이 가지고 있는 '감정'을 이해하기 어렵다. 하지만 인간이 내리는 최종 결정은 결국 감정적인 요소들을 기반으로 한다. 기술에 대한 이해를 바탕으로 인간 고유의 영역인 '인문학적 소양'이 더해졌을 때 비로소 디지털 시대가 필요로 하는 완벽한 인재가 될 수 있다.

인문학이 중요한 또 한 가지 이유는 바로 '인간관계Interpersonal Relationship'다. 디지털 시대는 '비대면' 중심의 사회로 전개될 확률이 높다. '비대면'이란 말 그대로 사람들 간의 접촉이 줄어든다는 뜻이다. 이런 흐름은 코로나19 이후 더욱 가속화하고 있다. 학교도 마찬가지다. 수년간 차일피일 미뤄 오던 원격 교육을 전격적으로 실행한 바 있다.

이런 형태의 삶에는 부작용이 있다. 바로 상대방을 이해하는 공감 능력이 떨어질 수 있다는 것이다. 특히 아이들의 경우 대면 접촉이 줄어들수록 상대방의 감정을 인지하는 역량이 부족해질 수 있다.

이런 부분을 보완할 수 있는 좋은 방법 중 하나가 바로 인문학humanities 공부다. 인문학은 말 그대로 인간human의 사상과 문화에 관해 탐구하는 학문이다. 다시 말해, 인문학을 공부한다는 것은 인간을 공부하는 것이고, 학생들은 '인문학'이라는 간접 경험을 통해 부족한 '정서적 역량'과 '공감 능력' 등을 함양할 수 있다.

"기술은 인문학, 예술과 결합할 때 우리의 마음을 움직일 수 있다."

스티브 잡스는 이미 미래 교육의 답을 예견했다. 인문학이 결여된 디지털 기술은 반쪽짜리에 불과하다.

02

시험의 기본은
결국 독해다

수학 일타 강사로 유명한 현우진 씨는 스탠퍼드대학에서 수학을 전공한, 연봉 수백억 원을 받는 스타 강사다. 그는 한 강의에서 다음과 같이 말했다.

"나는 공부를 열심히 했지만 어느 순간부터 성적이 오르지 않았다. 이때 이런 생각이 들었다. 텍스트를 읽을 능력이 없으면 공부를 잘할 수 없겠구나. 그래서 중학교 2학년 겨울방학 때 모든 공부를 접었다. 그리고 3개월 동안 내가 읽을 수 있는 책을 다 읽었다…. 그때 읽었던 책이 국어책, 영어책 모두 포함해서 200권 정도 된다. 그리고 개학을 했다. 아침에 학교 가는 길에 아빠가 신문을 보고 있어서 쓱 봤다. 한 문단이 한눈에 들어왔다. 그때 이런 생각이 들었다. '아, 나는 공부하는 속도가 빨라질 수 있겠구나….' 그다음부터 단 한 번도 1등을 놓친 적이 없었다."

필자도 너무나 공감되는 메시지였다.

모든 시험은 결국 독해력에서 시작한다. 정보를 읽고, 파악하고, 학습하는 능력은 공부의 가장 기본적인 요소다. 기본이 되어야 응용도 가능하다. 출발점은 결국 독해다. 현우진 강사는 이를 언어적 사고력이라고 표현하는데, 그는 이런 핵심적인 역량을 갖추고 있지 않으면 최상위권으로 올라갈 수 없다고 주장한다.

사실 독해력은 초등학교, 중학교 때까지는 아주 큰 영향을 주지 않는다. 이때는 부족한 언어적 사고력을 공부의 양으로 메꿀 수 있다. 하지만 고등학교 때부터는 상황이 완전히 달라진다. 교과 과정의 전체적인 난이도가 올라가면 읽기 능력이 탄탄한 아이들이 빠르게 치고 나간다. 독해력이 뛰어난 아이들은 정보를 습득하고 처리하는 속도가 남다르기 때문에 학습 속도도 빠를 수밖에 없다. 시험을 볼 때도 마찬가지다. 시험도 결국 문제를 읽고, 요점을 파악하고, 가장 적절한 답을 찾아내는 과정의 반복이다. 결국 시작점은 '읽기'다. 이는 전 세계에서 통용되는 공부의 법칙이다.

그래서 다독이 중요하다. 아이들이 영어, 한글 구분 없이 최대한 많은 책을 접할 수 있도록 유도해 줘야 한다. 어떤 종류의 책도 상관없지만 '독서 편식'은 피하는 게 좋다. 필자의 경우 초등학교와 중학교 때 만화책과 고전을 번갈아 가면서 읽었는데 돌이켜 보면 독해력과 사고력을 키우는 데 큰 도움이 되었던 것 같다.

구체적인 독서법은 F. P. 로빈슨 교수의 'SQ3R_{Survey, Question, Read, Recite, Review}'을 참고해 봐도 좋다. 오래된 기법이지만 여전히 유효한 내용이다. 간단하게 요약하면 다음과 같다.

첫 번째, 책의 요점을 파악하기 위해 챕터의 제목을 훑어본다_{survey}. 제목들을 보면서 어떤 내용들이 있을지 추측해 본다.

두 번째, 첫 번째 스텝에서 살펴본 제목들을 질문_{question} 형태로 변환해 본다. 학생들은 이런 훈련을 통해 '소극적 독서'를 '적극적 독서'로 전환할 수 있다.

세 번째, 두 번째 스텝에서 정리한 질문에 대한 답을 찾는다는 마음으로 본문을 읽는다read. 앞서 이야기한 것처럼, 질문을 정의하고 이에 대한 답을 찾는 행위는 공부의 기본적인 요소 중 하나다.

네 번째, 세 번째에서 찾은 답을 본인의 언어로 암송해 본다recite. 답을 읽어도 좋고, 쓰는 것도 좋다. 핵심은 머릿속에서만 생각하지 말고 이를 밖으로 끄집어내는 훈련이 필요하다는 것이다.

다섯 번째, 복습한다review. 습득한 핵심적인 정보를 다시 한 번 정리하는 과정이다. 독일의 심리학자 헤르만 에빙하우스의 '망각 곡선'에 따르면 무언가를 그저 읽기만 하면 책의 내용 중 약 50%가량을 망각하고, 1개월 후에는 약 80%를 망각한다고 한다. 암송과 복습은 망각의 곡선을 개선하는 역할을 한다.

로빈슨의 독서법은 다산 정약용 선생의 독서법과도 상당히 유사하다. 정약용에게 독서는 단순한 문자의 해독이 아니었다. 그는 책을 보며 질문하고 사색하고 기록하는 과정을 지속적으로 반복했다. 독일의 위대한 철학자 괴테도 비슷하다. 그의 집에는 여러 종류의 책상이 있었지만 의자는 없었다. 그 이유는 앉아서 책만 보는 것이 아니라 걸어 다니며 계속 사색하기 위해서라고 한다. 디테일에는 차이가 있을 수 있으나 핵심은 '능동적' 독서다.

앞서 언급했듯 우리 아이들은 유튜브로 인해 텍스트보다는 동영상에 더 익숙해져 있다. 영상에 대한 관심이 높아지니 콘텐츠들의 퀄리티가 매우 높고, 웬만한 정보는 유튜브를 통해 쉽게 찾아볼 수 있다. 하지만 그럼에도 불구하고, 교육의 관점에서 봤을 때 책 읽기는 기본 중의 기본이다.

디지털 시대가 되어도 시험은 없어지지 않으며, 상위 1%는 존재한다. 성공을 위한 핵심 키워드 중 하나는 바로 독해력이다.

03

역사 공부는 미래를 보는
가장 좋은 방법이다

역사는 반복된다. 그렇기에 우리는 역사를 '미래를 비추는 거울'이라고 표현하기도 한다. 과거 인터넷 포털 사이트에 돌았던 유명한 일화가 있다. 내용은 다음과 같다.

학생   선생님 역사를 왜 배워야 하죠?

그러자 선생님이 꿀밤을 때리면서 말했다.

선생님 역사는 당연히 배워야지.

갑자기 꿀밤을 맞은 학생은 당황하면서 되물었다.

학생 근데 왜 때리세요, 선생님!

그러자 선생님은 다시 한번 꿀밤을 때리려고 했는데, 학생은 이를 피하며 이렇게 말했다.

학생 선생님 꿀밤 그만 때리시고 왜 역사를 배워야 하는지 알려주세요!

그때 선생님이 대답했다.

선생님 네가 나한테 처음에 꿀밤 맞은 걸 기억하지 못했다면 두 번째 꿀밤을 피할 수 있었을까?

AI 시대에도 역사 공부는 여전히 중요하다. 세상이 변해도 본질적인 것들은 무한한 영속성을 지니기 때문이다. 그렇기에 반복되는 역사에서 유의미한 패턴을 찾을 수 있는 능력은 시대를 불문하고 유용한 스킬 세트다.

'금융버블'을 예로 들어보자. 1840년대 네덜란드에서는 튤립 가격이 2년 동안 50배나 오른 후 100분의 1로 가격이 폭락한 사건이 있었다. 2000년대 초 미국에서는 펀더멘털fundamental이 없는 인터넷 기업들이 과대 평가되면서 '닷컴버블'이 발생했고, 2002년 10월에는 역대 최고치에서 평균 78%나 하락한 수치로 주식이 거래되었다.

이렇듯 버블은 인류의 역사에서 여러 번 반복되었는데, 그때마다 사건의 본질은 결국 '비이성적 군중심리'였다. 신상품, 신기술 등 미지의 분야가 나왔을 때 투자자들의 자금이 과하게 쏠리는 현상이 나타났고, 여기에 맹목적인 군중심리가 더해지면서 대형 버블이 형성되었던 것이다.

이런 과거의 패턴 속에서 교훈을 얻을 수 있는 사람들은 큰 화를 피할 수 있다. 2008년 금융 위기 때가 그러했다. 잘못된 금융공학 이론을 기반으로 한 부동산 파생상품이 과거 버블들과 유사했음을 포착한 투자자들은 폭락하는 시장에서 막대한 부를 창출할 수 있었다. 물론 이같이 '대세를 거스르는' 결정을 하기 위해서는 금융에 대한 해박한 지식이 전제되어야 한다. 이에 더해 당시 현명하게 대처한 투자자들 중 다수는 과거의 역사를 통해 미래에 대한 해답을 찾았다고 말했다.

또 다른 예로 《삼국지》에 대해서 얘기해 보자. 독자들 중에 《삼국지》를 모르는 사람은 없을 것이다. 서기 184년 황건적의 난부터 서기 280년까지 중국 대륙에서 벌어진 실제 사건을 바탕으로 집필한 중국의 대표적인 연의演義(주로 명나라, 청나라 시대에 중국에서 발전한 백화문 소설의 형식으로 사실을 쉽게 이해할 수 있도록 덧붙여서 재미있게 설명함)다. 《삼국지》와 관련해서 다음과 같은 얘기도 들어봤을 것이다.

"《삼국지》를 10번 이상 읽은 사람과는 대화하지 말라. 또 《삼국지》를 한 번도 읽지 않은 사람과도 상대하지 말라."

이 말은 《삼국지》를 10번 이상 읽었다면 지나치게 영리할 것이므로 상대하기 어려울 것이라는 뜻이고, 반대로 한 번도 읽지 않았다면 세상 이치에 어두워 대화할 가치가 없다는 뜻이다. 까마득한 과거의 일들이지만, 우리는 당시 인물들의 처세술과 기획력, 전략적 의사결정 등을 학습하며 본인들의 삶에 필요한 지혜를 얻을 수 있다.

《삼국지》가 도움이 될 수밖에 없는 이유는 명확하다. 시대가 변해도 사람의 본질과 본성은 크게 바뀌지 않는다. 그렇기 때문에 몇백 년, 몇천 년 전에 쓰인 고전 속 인물들이라도 언제나 우리에게 새로운 영감을 줄 수 있다.

영국의 역사학자 에드워드 카E. H. Carr는 역사를 "과거와 현재와의 끊임없는 대화"라고 말한다. 과거와 대화하지 못하는 사람이 미래를 위한 현명한 판단을 하기는 쉽지 않다.

다시 한번 강조하지만, 가장 본질적인 것들은 시대가 변해도 무한한 영속성을 가진다. 역사는 그중 하나다. 그러므로 디지털 시대에도 역사 공부는 여전히 중요하다.

04

운동을 통해
'함께'를 배운다

한국 부모의 절대다수는 교육에 대한 열정이 무척 높지만, 흥미롭게도 운동은 안중에도 없다. 오로지 공부만이 최고라고 생각한다. '운동=논다'라는 틀에서 벗어나지 못해서 아이들이 친구와 축구하러 간다고 하면 "공부는 언제 하니?"라고 말하는 엄마들도 많다. 이런 생각은 버려야 한다. '협업 능력'이 중요한 디지털 시대에는 더욱더 그러하다.

AI와 로봇은 자기에게 주어진 업무를 처리할 뿐, 자발적으로 타인과 협력하여 '측정 불가한unmeasurable' 시너지를 창출하지 못한다. 동료애, 팀워크 등이 대표적인 예다. 이런 역량들을 배양할 수 있는 가장 좋은 훈련법 중 하나가 바로 '단체 스포츠'다.

필자의 유학 생활을 예로 들어 설명해 보겠다. 필자는 중학교 때 유학갔는데, 공부한 곳은 거버너더머Governor Dummer Academy라는 미국 최초의 사립 기숙학교였다. 국내에서는 《서유견문》을 쓴 구당 유길준 선생이 1884년에 입학했다가 2003년 그의 후손이 명예 졸업장을 수여했던 일로 잘 알려져 있다. 학교에는 동양인이 거의 없었고, 필자가 재학할 당시에는 외국인 학생 비율이 10%도 채 안 되는 수준이었다. 특별한 기회를 받았음에 감사했지만, 중학생이 이런 낯선 환경에서 가족과 떨어져 기숙사 생활을 하는 것은 무척 힘든 일이었다.

특히 언어가 유창하지 못하니 친구를 사귀는 게 어려웠다. 가족과 떨어져 있는 상황에서 친구마저 없으니 하루하루가 괴로웠다. 이때 한 줄기 빛 같은 역할을 한 것이 바로 운동이었다.

필자는 축구팀에 가입했다. 초등학교 1학년 때부터 8년 가까이 '스포츠마당'이라는 사설 스포츠클럽에서 축구, 농구, 수영 등 기본 종목은 물론, 계절 스포츠까지 두루두루 익혔기 때문에 운동만큼은 자신 있었다. 덕분에 축구팀에 가입하자마자

곧바로 주전 자리를 꿰찰 수 있었는데, 이때부터 놀라운 변화가 시작되었다.

일단 친구들이 많아졌다. 언어의 장벽으로 대화가 어려웠던 친구들도 운동장 안에서는 '공'이라는 매개체를 통해 하나가 될 수 있었다. 특히 축구의 경우 혼자서는 아무것도 할 수 없는 종목이다. 부족한 부분을 서로 채워 주면서 하나의 팀으로 움직일 때 게임에서 승리할 수 있다. 자연스럽게 동료의 소중함을 배우고 그들과 '마음'으로 커뮤니케이션하는 방법을 습득하게 된다.

필자 역시 마찬가지였다. 대화는 잘 통하지 않았지만 운동을 통해 끈끈한 유대감을 형성할 수 있었다. 친구가 많아지니 학교 생활이 재미있었다. 즐겁게 학교 생활을 하니 성적이 올랐고, 그렇게 4년을 보내며 수석 졸업의 영예를 안을 수 있었다.

조금은 극단적인(?) 사례일 수 있지만, 핵심적인 포인트는 모든 아이에게 적용될 수 있다. 정리해 보면 다음과 같다.

첫째, 단체 운동은 가장 '순수한' 형태의 대화를 가능하게 한다.
둘째, '순수한' 형태의 대화는 아이들 사이의 장벽을 허물어 주며, 서로 '친구'가 되는 것을 도와준다.
셋째, 이렇게 형성된 관계를 통해 아이들은 동료의 소중함과 팀

워크의 중요성을 배우게 된다.

여기서 중요한 점은 '이왕이면 운동을 잘하는 게 더 좋다'라는 것이다. 단체 스포츠에 참여하는 것만으로도 의미가 있고 좋은 배움이 될 수 있지만, 여기서 퍼포먼스까지 잘하면 아이들은 엄청난 자신감을 얻게 된다. 팀워크의 중요성을 넘어 리더로서의 역량까지 키우게 된다는 뜻이다.

"우리는 강하다."

필자가 좋아하는 농구 만화 《슬램덩크》의 명대사다. 우리 아이들이 팀의 위대함을 깨닫는다면 이미 반은 성공한 거다.

상위 1%의 멘털, 상위 1%의 자기효능감

상위권과 최상위권 학생의 큰 차이점 중 하나는 멘털이다. 특히 자기효능감self-efficacy이 중요하다.

흥미로운 연구가 있다. 데이비드 더닝과 저스틴 크루거 교수가 코넬대학 학생들을 대상으로 20가지가 넘는 논리적 사고를 테스트하는 실험을 진행했다. 시험을 본 학생들에게는 "너의 예상 성적이 상위 몇 %일 것 같아?"라고 질문했는데, 이때 성적이 좋은 학생들은 본인들의 순위를 실제보다 낮게 평가하는 경향을 보였다. 반면, 하위 10%에 해당하는 학생들은 본인들의 성적을 실제 값과 크게 다른 상위 30% 수준으로 예상했다.

이를 '더닝크루거 효과Dunning-Kruger effect'라고 하는데, 일종의 인지 편향 중 하나다. 능력이 있는 사람은 자신의 실력을 과소평가하여 상대적 열등감을 갖게 되고, 능력이 없는 사람은 환영적 우월감으로 본인의 실력을 평균 이상으로 (실제보다 높게) 평가하는 것이다.

실제로 필자가 만난 다수의 상위권 학생은 본인들의 역량을 과소평가하는 성향을 보였다. 구체적으로 설명하면 자기효능감이 부족했다. 자기효능감은 '목표에 도달할 수 있는 자신의 능력에 대한 스스로의 평가'를 말한다. 이는 캐나다의 심리학자 앨버트 벤듀라가 제시한 개념인데, 쉽게 얘기하면 '자신이 얼마나 유능한가'에 대한 개인의 주관적인 판단을 나타낸다.

재미있는 사실은 최상위권 학생들의 경우 일반 학생들과 달리 자기효능감이 매우 높다는 것이다. 이들은 어려운 문제를 직면해도 해결할 수 있다는 믿음을 보이고, 과제를 풀기 위해 더 많은 노력을 기울이며 끈기 있게 매달린다. 이미 세계의 여러 석학은 자기효능감을 학습과 성취의 중요한 예측 지표로 규정했다.

상식적으로 생각해도 말이 된다. '할 수 있다'라고 믿는 학생들과 '나는 이거 못 해'라고 생각하는 학생들의 퍼포먼스는 차이가 날 수밖에 없다. 국가대표 펜싱 선수 박상영은 리우 올림픽에서 '할 수 있다'라는 주문을 끊임없이 되뇌었다. 이 모습이 카메라에 포착되며 큰 화제가 되었는데, 결국 결승전에서 대역전극을 만들어 내며 금메달리스트가 되었다.

상위권에서 최상위권으로 넘어가기 위해서는 자기효능감을 키워 줘야 한다. 골든타임은 유아기(1~6세)와 아동기(6~12세)다. 핵심은 부모의 절대적인 사랑이다. 전문가들은 존재 자체가 사랑임을 반복적으로 인식시켜 줘야 한다고 말한다. 아이의 문제에 직접적으로 개입하지 말고 스스로 해결할 수 있는 환경을 만들되, 조건 없이 전폭적인 지지를 보여야 한다. 그러면 아이들은 학교 생활을 하면서 난관에 봉착해도 쉽게 흔들리지 않는다.

현실적인 대화도 도움이 된다. 냉정하게 말하면 초·중·고 교육은 우주공학 같은 것이 아니다. 누구나 습득할 수 있는 범위 내에서 교과 과정이 운영된다. 풀 수 없는 미제의 문제가 아니라 명확한 답이 정해져 있는 내용들이다. 예외적인 경우가 아니라면 학습 속도의 차이가 있을 뿐, 누구나 다 이해할 수 있는 범위라는 뜻이다. 이런 사실을 자녀들에게 인지시켜 주는 것만으로도 자기효능감을 높일 수 있다.

닭장에서 알을 품고 있는 에디슨을 보고 그의 어머니가 "저 한심한 녀석"이라고 말했다면 지금의 에디슨은 없었을 것이다. 에디슨의 어머니는 그의 호기심을 칭찬해 줬고, 잠재력을 인정해 줬다. 그리고 인류의 역사는 그를 최고의 발명가 중 한 명으로 기록했다.

우리 주변에는 전교 1등을 밥 먹듯이 하는 지인이 한 명쯤은 있을 것이다. 지나친 일반화의 오류를 범해서는 안 되겠지만, 그런 친구들은 대부분 '철옹성' 같은 아우라를 가지고 있다. 이는 기본적으로 높은 자기효능감을 바탕으로 한다.

흔히 공부는 멘털 싸움이라고 말한다. 최상위권과 상위권은 한 끗 차이다. 상위 1%의 멘털은 상위 1%의 자기효능감이다.

2장

AI 시대에도
수학, 영어는 기본이다

05

AI는 수학에서
시작한다

        AI에 대한 관심이 뜨겁다. 마이크로소프트의 창업자인 빌 게이츠는 AI의 발전이 PC, 인터넷, 스마트폰의 탄생만큼 혁신적이라고 말했다. 중국 최고의 거부 중 한 명이자 알리바바의 창업주인 마윈은 "첫째도 AI, 둘째도 AI, 셋째도 AI"라고 주장하며 AI의 중요성을 강조했다. 한국 정부도 국가 전략의 중요한 키워드 중 하나로 AI를 꼽았다.

    AI가 새로운 시대에 중요한 키워드임은 부정할 수 없는 사실이다. 그렇다면 교육의 관점에서는 어떠할까? 우리 아이들이

AI 시대에서 기회를 포착하기 위해서는 어떤 준비를 해야 하는 것일까?

여러 요소가 있겠지만, 그중 하나는 분명 수학mathematics이어야 할 것이다. 이유는 다음과 같다.

첫째, AI는 결국 데이터를 기반으로 한다.

오픈AI의 챗GPT도, 테슬라의 자율주행도 결국 데이터를 기반으로 한다. 데이터가 없으면 AI도 없다. 양질의 데이터가 '많이' 있어야 AI가 잘 돌아갈 수 있다. 실리콘밸리는 이미 데이터의 중요성에 대해 잘 알고 있었다. 그래서 관련 회사에 과감한 베팅을 했고, 이들은 방대한 양의 데이터를 축적하는 데 성공했다.

단, 데이터가 많다는 것 자체만으로는 충분하지 않다. 필요한 '목적'에 따라 데이터를 활용하여 인사이트를 도출할 수 있을 때 비로소 데이터에 '의미'가 부여된다.

수학과 통계학은 이런 데이터에 '의미'를 부여한다. 특히 통계학은 다량의 데이터를 관찰하여 정리하고 분석하는 방법을 연구하는 수학의 한 분야인 만큼, 데이터를 가공하고 활용하는 데 큰 도움이 된다. 데이터 사이언스는 수학과 통계학을 통해 수많은 데이터 속에서 특정한 패턴을 찾아낸다. 각각의 패턴은 특정한 분포와 확률을 가지고 있다. 이러한 패턴의 분류는 우리가 풀고 싶은 문제에 대한 단서를 제공한다.

한때 범국민적인 관심이 집중된 알파고 역시 방대한 양의 바둑 데이터를 기반으로 만들어진 AI인데, 알파고의 핵심 기술인 딥러닝deep learning 역시 인공신경망이라는 오래된 수학적 모델과 통계 기법을 기반으로 한다.

시카고에서 알고리즘 기반 퀀트 트레이더로 일하다 현재 뉴욕에서 데이터 사이언티스트로 근무 중인 필자의 지인은 경력이 벌써 10년 차이지만 아직까지 수학 공부를 게을리하지 않는다. 그만큼 이 분야에서 수학과 통계학이라는 기초 학문이 차지하는 비중은 절대적이다.

둘째, 수학은 '논리적 사고력'을 기르는 데 매우 유용한 수단이다.

세상이 아무리 빠르게 변해도 가장 본질적인 것들은 무한한 영속성을 갖는다. 논리력의 중요성도 그중 하나다. 영국 철학자 존 로크는 "수학은 인간의 정신 속에 추론의 습관을 정착시키는 방법을 알려준다"라고 말했다.

수학은 세상에 존재하는 다양한 패턴과 순서를 찾고, 자연이나 사회 현상들의 본질에 대해 설명하는 학문이다. 단순히 숫자를 계산하는 방법만 배우는 것이 아니다. 어렵고 복잡한 문제를 푸는 과정을 통해 논리적으로 생각하는 방법을 습득할 수 있다. 정보의 양이 많아지면 사회는 점점 더 복잡해진다. 생각과 정보를 논리적으로 '정리'할 수 있는 역량이 빛날 수밖에 없다.

"변호사는 30년 후 AI에 대체될 위험성이 가장 큰 직업 중 하나다."

《유엔미래보고서 2045》에서 발표한 보고서의 내용 중 일부다. 보고서에 따르면 변호사 초년생들이 맡고 있는 법리 및 판례 조사 작업과 같은 기초적인 법률 서비스부터 AI에 의해 빠르게 대체될 것이라고 한다. 심지어 머지않은 미래에는 AI의 활용 능력이 변호사의 역량을 판단하는 잣대가 될지도 모른다고 한다.

의료 분야도 마찬가지다. IBM의 AI 시스템 '왓슨Watson' 에게 의료 지식과 데이터를 학습시킨 결과, 암 진단 정확도가 96%로 전문의보다 현저히 높았다.

엄친아, 엄친딸의 대표 직업인 변호사, 의사의 입지가 흔들리다니 10년 전만 해도 상상하기 어려운 모습이지 않은가? 이는 전통적인 노동시장이 파괴되고 있고, 데이터와 AI 같은 키워드를 중심으로 시장이 빠르게 재편될 수 있음을 뜻한다.

　필자는 학창 시절에 수학 공부를 하며 '미적분이나 집합같이 쓸모없는 것을 왜 배워야 하나'라는 의문을 종종 품었다. 지금도 많은 학생이 비슷한 생각을 하고 있을 것이다. 하지만 필자가 여러 번 강조했듯 우리는 급변하는 세상에 살고 있다.

　상위 1%로의 도약이 공부의 목적 중 하나라면, 수학을 배워야 하는 이유는 충분하다.

06

수포자를 위한 수학 교육의 핵심, 수학 공부는 어떻게 할까?

수학은 어렵다. 전국의 초·중·고등학생 9,000명을 대상으로 진행한 설문 조사 결과에 따르면, 초등학생의 37%, 중학생의 46% 그리고 고등학생은 무려 60%가 '수포자(수학을 포기한 사람)'라고 한다. '학교에서 배우는 수학 내용이 어려운가'라는 질문에는 중학생의 50.5%, 고등학생의 73.5%가 '어렵다'라고 답했다.

학생들이 다른 과목과 달리 유독 수학에 대해서는 극단적인 호불호를 보이는 경우가 많다. 왜 이런 현상이 발생하는 것일까?

복합적인 이유가 있겠지만 그중 하나는 바로 '수업의 구성' 이다. 수학은 다른 과목과 비교했을 때, 개념 간에 긴밀하게 연결되어 있다. 즉 중학교 1학년 때 배우는 내용을 알아야만 2학년 과정을 이해할 수 있고, 2학년 내용을 알아야 3학년 과정을 공부할 수 있다.

예를 들어보자. 우리 아이들은 중학교 1, 2학년 때 유리수의 개념에 대해 배운다. 이때 개념 정리가 안 되면 3학년 때 배우는 무리수를 이해하기 어렵다. 무리수를 이해하지 못하면 3학년 과정 중 일부인 제곱근도 놓칠 확률이 높다. 방정식도 마찬가지다. 1학년 때 배우는 일차방정식을 제대로 습득하지 못하면, 2학년 때 배우는 연립방정식과 3학년 때 배우는 이차방정식이 어렵게 느껴질 수밖에 없다.

수학은 진도가 늦더라도 핵심 개념을 확실하게 이해하는 것이 무엇보다 중요하다. 또한 선행 교육은 득보다 실이 많을 수 있다. 필자도 초등학교 때 학교 경시반에 들어가면서 중학교 1학년 과정을 선행 학습했었다. 마치 대단한 일인 것처럼 주변에 자랑한 기억이 나는데, 생각해 보면 참 의미 없는 일이었다. 오히려 초등학교 때 무리하게 선행 학습을 하면서 일부 개념을 잘못 이해했고, 중학교 진학 후 관련 내용을 다시 정립하는 데 상당한 시간을 할애해야만 했다. 급할수록 돌아가라는 말이 있다. 특히 수학 공부는 더욱더 그러하다.

수포자가 많은 또 다른 이유는 '1 대 N' 형태의 수업 구조에서도 찾을 수 있다. 한국은 학급당 학생 수가 약 20명 정도 된다. 저출산으로 학력 인구가 줄어들면서 이 수치는 많이 줄었지만, 여전히 교사 한 명이 맡아야 하는 학생 수가 적지 않다.

이런 형태의 교실에서는 평균 수준인 학생의 레벨에 맞춰서 교육을 진행할 수밖에 없다. 학생들은 저마다 다른 재능과 역량을 가지고 태어나지만, 2차 산업 시대부터 유지되어 온 수업 모델은 'One Size Fits All(모두에게 적합한)' 시스템을 고수한다. 그렇다 보니 역량이 조금 부족한 학생들은 수업 내용을 이해하기 어려워진다. 어려움은 결국 포기로 이어지고, 악순환은 반복된다. 거의 모든 과목에 적용되는 문제이지만 학생별 편차가 큰 수학에서는 이 같은 이슈가 더욱 도드라진다.

해결책은 결국 '일대일' 맞춤형 수학 교육이다. 특히 초등학생들의 경우 좋은 강사와 유명한 학원을 쫓아다니는 것보다 우리 아이의 수준에 맞는 교육을 차근차근 제공해 주는 곳을 찾는 것이 훨씬 더 중요하다. 가급적이면 일대일 수업이 좋다.

자기 주도형 학습을 유도하는 것도 방법이다. 가정에서 부모의 역할도 중요하다. 가장 핵심적인 덕목은 인내심이다. 자녀들이 자신의 페이스에 맞춰 학습 속도를 조절할 수 있도록 도와줘야 한다. 앞서 언급했듯 선행 학습은 능사가 아니다. 개념이 잘못 정립되면 다시 잡는 데 훨씬 더 오랜 시간이 걸릴 수 있음을 명심해야 한다.

한 가지 첨언하면, 초·중등 수학 과정에서는 '시각화visualization' 교육을 적극적으로 활용할 필요가 있다. 사인, 코사인, 탄젠트와 같은 삼각함수가 머리에 들어오지 않는 이유 중 하나는 덧셈과 뺄셈 같은 단순 연산과 달리 시각화가 빠르게 안 되기 때문이다. 어디에 어떻게 쓰이는지 '경험'하는 것이 어려우므로 개념들이 깔끔하게 정리되지 않는다. 이럴 때 시각화 도구를 활용하면 도움이 많이 된다. 이를 이용해 공식을 머릿속에 시각화하면 개념은 금방 잡힌다. 요즘에는 여러 종류의 수학 교육용 소프트웨어를 무료로 사용할 수 있다.

수학은 인류의 역사만큼이나 긴 역사를 가지고 있다. 사회 발전에 중추적인 역할을 해 왔고, 디지털 시대에는 더더욱 그럴 것이다. 새로운 시대에 수포자가 치러야 하는 비용은 상당히 혹독하다. 쉽게 포기하기에는 너무 아쉽다. 작은 시도로 큰 변화를 만들 수 있다. 수학 교육, 조금 느리더라도 차근차근 나아가는 것이 결국에는 지름길이다.

07

디지털 시대에도
영어는 중요하다

미국 증시 시가총액 톱10 리스트의 단골손님인 마이크로소프트, 애플, 알파벳(구글), 아마존, 메타(페이스북)는 모두 글로벌 소프트웨어 회사들이다. 대한민국도 마찬가지다. 삼성전자, SK하이닉스, 네이버 등 테크 기업들이 늘 시가총액 최상위권을 차지한다. 기복은 있지만 이들의 핵심 가치는 변하지 않았으며, 시장 내 입지는 여전히 확고하다.

두말하면 입 아프다. 바야흐로 디지털 시대다. 그런데 여기에는 재미있는 사실이 하나 있다. 이 회사들 모두 공통적으로

'영어 커뮤니케이션 능력'을 요구한다. 외국계 기업은 말할 것도 없고, 국내 기업 입사를 위해서는 영어 성적은 필수다.

세상이 바뀌어도 왜 영어는 여전히 중요할까?

첫째, 영어를 통해 얻을 수 있는 정보의 양이 한국어보다 압도적으로 많다.

전 세계에는 7,000여 개의 언어가 존재하지만, 2024년 1월을 기준으로 인터넷에 있는 정보의 51.7%는 영어로 이뤄져 있다. 한국어로 된 정보는 0.8%이다. 인터넷이라는 매개체를 통해 우리는 '정보의 홍수' 시대에 살고 있지만, 영어를 못 하면 이런 혜택을 충분히 누리기 어렵다(참고로 2022년 기준 인터넷을 사용하는 중국인은 69.8%에 이르지만 인터넷상의 언어 중 약 1.3% 정도만 중국어다).

프로그래밍을 할 때도 마찬가지다. 컴퓨터 언어는 대부분 영어로 되어 있다. 중급·고급 개발자로 성장하기 위해서는 깃허브Github와 같은 커뮤니티를 통해 다른 개발자들과 코드를 리뷰하고 공유하는 과정이 필요한데, 이때도 대부분의 커뮤니케이션은 영어로 진행된다. 개발자 컨퍼런스, 워크숍, 소그룹 스터디에도 예외는 없다. 영어를 하는 사람이 습득할 수 있는 정보의 양과 질은 차원이 다르다.

둘째, 디지털 경제는 영어권 국가를 중심으로 움직인다.

중국이 빠르게 부상하고 있지만 세계는 여전히 영미권 국가들이 주도하고 있다. 특히 앞서 언급한 애플, 알파벳, 마이크로소프트, 아마존, 메타와 같은 기업들이 탄생한 곳은 미국이다. 예일대학교, 하버드대학교, MIT, 스탠퍼드대학교 등 최고의 교육기관들도 대부분 미국에 있다. 이곳에서 시장을 선도하는 기술과 논문들이 쏟아져 나온다. 즉 디지털 트렌드를 빠르게 캐치하기 위해서는 영어 공부는 선택이 아닌 필수라는 뜻이다.

요즘 미국 실리콘밸리는 인도 출신 인사들이 두각을 드러내고 있다. 사티아 나델라Satya Nadella 마이크로소프트 최고경영자, 순다르 피차이Sundar Pichai 구글 최고경영자, 샨타누 나라옌Shantanu Narayen 어도비 최고경영자 등이 인도 출신이다.

2,000여 개의 방언이 존재하는 인도에서는 공식 문서를 작성할 때와 행사를 진행할 때 반드시 영어를 사용한다. 유창한 언어 실력 덕분에 인도인들은 더 쉽게 미국 사회에 녹아들 수 있었다. 이들은 미국 IT 기업들의 관리자, 개발자, 임원 등으로 골고루 분포하며 업계의 중심축 역할을 맡고 있다.

필자는 한국인들이 인도인들에 비해 전혀 뒤처지지 않는다고 생각한다. 다만 다수의 한국인은 여전히 영어로 소통하는 것을 어려워한다. 뛰어난 역량을 가지고 있지만 영어 커뮤니케이션 스킬이 부족해 '국내용'으로만 남는 사례가 많다.

대한민국의 인재들도 어린 시절부터 '영어'와 '기술'이라는 두 가지 키워드를 체계적으로 준비한다면 세계 무대에 충분히 도전할 수 있다. 영어는 결국 도구다. 도구를 잘 사용하면 우리는 더 편리하고 효율적인 삶을 살 수 있다.

혹자는 AI가 대중화되면 언어학습이 필요 없을 것이라고 주장한다. 일리가 있다. 삼성전자의 스마트폰에는 이미 고성능 통번역 AI 기능이 탑재되어 있다. 외국인과의 일상적인 대화는 무리 없이 가능하고, 일부 미흡한 부분이 있으나 서비스의 완성도는 빠르게 고도화될 것으로 예상된다.

다만, 업무의 관점에서 언어에 접근하면 얘기가 달라진다. 예컨대, 우리 아이가 테슬라에서 근무한다고 가정해 보자. **영어를 못 하는 실무자가 AI 기능에 의존해서 모든 업무를 처리할 수 있을까? 일론 머스크는 회의 중 통번역기를 돌리는 직원을 최측근으로 선택할 수 있을까?** 특정 부분에 있어서 분명 AI의 도움을 받을 수는 있겠지만, 영어를 못 하는 실무자가 테슬라와 같은 영미권 조직 내에서 의미 있는 역할을 수행하기는 무척이나 어려울 것이다.

김우중 전 대우그룹 회장의 자서전인 《세계는 넓고 할 일은 많다》는 참 멋지고 공감되는 책 제목이다. 필자는 여기에 다음과 같은 디테일을 추가하려고 한다.

"세계는 넓고 할 일은 많다. 그런데 영어를 할 줄 알면 더더 더 많다."

08

상위 0.1% 영재들의
영어 공부법

　　잘난 척으로 시작해야 할 것 같다. 독자 분들의 양해를 먼저 구한다. 필자는 공부를 꽤 잘했다. 미국 최초의 사립 기숙학교인 거버너더미 고등학교를 수석 졸업했고, 미국 명문대학에서 학위를 받았다. 이후 운 좋게도 최고의 회사들과 함께하면서 흔히 말하는 '엄친아'의 길을 밟아 왔다. 그러다 보니 주변 지인들로부터 "어떻게 하면 공부를 잘할 수 있냐?"라는 질문을 많이 들었다.

　　참 어려운 질문이었다. 답변을 하려면 늘 말이 길어졌다. 나의 공부법을 꾸준히 실천했을 뿐이다. 하지만 돌이켜 생각해 보니 답은 매우 단순했다. '나에게 맞는 공부법'을 찾는 것이다.

교육학적인 단어로 표현하면 필자는 메타인지metacognition가 높았다. '메타인지'는 1970년대 발달심리학자인 존 플라벨에 의해 만들어진 용어로 '자신을 객관화하여 볼 수 있는 능력', 혹은 '본인이 잘하는 것과 못 하는 것을 구분하는 능력' 정도로 해석할 수 있다.

예를 들어보자. 필자는 영어 단어 암기에 약했다. 문법과 같이 반복적인 패턴을 파악하는 역량은 뛰어났지만, 단어를 하나하나 외우는 것은 상당히 어려웠다. 다행스러운 점은 이런 자신의 강점과 약점을 빠르게 인지했다는 것이다. 그래서 이에 맞춰 새로운 공부법을 고안했다. 각각의 단어 속에서 패턴을 찾았다. 예컨대, 're'라는 접두사는 '반복'이라는 뜻을 가진 경우가 많았고 'less'라는 접미사가 붙으면 '~이 없는'을 뜻하는 경우가 대부분이었다.

이런 방법도 통하지 않으면 한글과 영어를 연결해 버렸다. 'capricious'는 '변덕스럽다'라는 뜻인데 이를 '미국 배우 (레오나르도) 디카프리오는 변덕스러워스'라고 풀고, 다시 '디카프리오는 변덕스러워스'로 줄이고, 다시 '카프리셔스는 변덕스러워'라는 식으로 종결하여 나름의 패턴을 만들었다.

더불어 영어 단어들을 그룹핑grouping 했다. 긍정적인 단어와 부정적인 단어들을 구분해서 모아 봤다. 좋은 뜻인지 나쁜 뜻인지만 알아도 독해할 때 큰 도움이 된다는 것을 파악했기 때문이다.

이 방법이 늘 옳다는 뜻이 아니다. 패턴 인식에 약한 친구들은 필자가 사용한 방법이 도움이 안 될 수도 있다. 핵심은 내가 잘하는 것과 못 하는 것을 구분하고, 그에 맞는 나만의 학습법을 찾으라는 것이다.

이는 EBS에서 진행한 테스트 결과와도 일맥상통한다. 해당 실험에서는 수능 상위 0.1%의 고등학생과 일반 고등학생들을 대상으로 기억력을 테스트했다. 연구팀은 두 집단의 학생들에게 연관성이 없는 단어 25개를 주고 각 단어당 3초씩 듣고 외우게 한 후 3분 동안 기억나는 단어를 모두 쓰게 했다. 결과는 예상 밖이었다.

일반 학생들과 상위 0.1% 학생들 모두 평균 8개 내외를 기록하며 기억력 자체에서는 유의미한 차이를 보이지 않았다. 하지만 재미있는 사실은 상위 0.1%의 학생들은 90% 이상이 본인들이 몇 개의 단어를 기억할 수 있는지 정확하게 맞춘 반면, 일반 학생들 중 자신이 몇 개를 쓸 수 있는지 정확하게 답변한 학생은 한 명도 없었다는 것이다.

"Gnothi seauton(너 자신을 알아라)."

그리스 델포이 신전 현관 기둥에 새겨진 글이다. 공자는 "아는 것을 안다 하고 모르는 것을 모른다고 하는 것이 진정한 앎이다"라고 말했다. 서양과 동양의 위대한 철학자들은 공부법에 대한 핵심을 이해하고 있었다. 나 자신을 정확하게 파악하는 것, 간단해 보이지만 다수가 실천하지 못하고 있는 상위 1%의 비밀이다. 나를 먼저 알고 나에게 맞는 학습법을 찾아보자.

작은 시도가 큰 변화를 가져올 수 있다.

정신력은 영어 교육의 만병통치약이 아니다

영어 공부는 한국인들에게 평생 숙제가 된 듯하다. 환갑이 지난 필자의 아버지도 서점에 가시면 영어 서적 관련 코너에서 상당한 시간을 보낸다. 안타까운 점은 이런 노력에도 불구하고 초급자 과정을 벗어나지 못했다는 것이다.

이는 비단 필자 아버지만의 이야기가 아니다. 대형 서점에 비치된 대부분의 영어책은 초급자들을 타기팅으로 한다. 학원가도 다를 바 없다. 강남역 근처 A 어학원의 경우, 영어·중국어 초급자 과정은 늘 인산인해를 이루지만 중·고급자 과정을 듣는 인원은 초급자 과정만 못하다.

왜 이런 현상이 발생하는 것일까? 대부분의 교육자는 학습자들의 '마음가짐'을 지적한다. 의지, 즉 정신력이 부족해서 중간에 포기한다는 것이다.

하지만 필자의 생각은 다르다. 가장 큰 문제점은 '교육 방법Teaching Method'과 '교육 도구Education Tools'에 있다. 학습 의지와 효율성을 올려줄 수 있는 '환경'이 조성되어 있지 않다는 뜻이다. 그렇다면 이 같은 문제점들을 개선하기 위해서는 무엇이 필요할까?

첫째, 교육에 '게임적 요소'를 더하자.

다수의 학생은 공부를 재미없어한다. 재미가 없으니 내용 전달이 안 된다. 소통이 효율적으로 이루어지지 않기 때문에 학생들은 공부가 어렵게 느껴진다. 어려움은 결국 포기로 이어진다. 악순환의 반복이다.

이 같은 현상은 나이를 불문하고 나타난다. 교육을 통해 원하는 바를 얻기 위해서는 무엇보다 재미와 몰입이 먼저 이루어져야 한다. 그리고 게임은 학습자의 몰입을 유도하기에 더없이 훌륭한 교육용 도구다. 게임의 교육적 효과는 다양한 연구 결과를 통해 증명되고 있다. 콘텐츠 경영연구소가 국내 및 해외 소재 학교를 대상으로 진행한 연구 조사에 따르면, 수업에 게임을 적용했을 때 학습 효과가 30~50%가량 높아졌다. 영어, 수학, 코딩 등 과목별 특성을 가리지 않고 학습도가 높아졌는데, 이는 주목할 만한 포인트다.

미국 카우프만 재단도 유사한 연구 결과를 발표했다. 보고서에 따르면 평점이 높은 강사가 제공하는 강의는 학습 효과를 17% 증가시켰지만, 게임 방식으로 바꾼 강의는 학습 효과가 108%나 증가했다.

필자의 경우 영어 단어를 공부할 때 '스크래블Scrabble'이라는 게임을 활용했다. 미국에서 만들어진 보드게임인데, 알파벳이 새겨진 타일을 보드 위에 가로나 세로로 단어를 만들어 내면 점수를 얻는 방식이다. 원어민 친구들과 스크래블 게임을 하다 보면 평소에 모르던 단어들을 제법 볼 수 있다. 더불어 내가 알고 있는 단어를 사용하면서 습득한 지식을 복습하는 효과도 있다. 모든 연령대가 즐겨 할 수 있는 게임이지만, 특히 영어를 처음 배우는 초등학생 친구들에게 매우 유용한 게임 기반 교육 방식이다.

둘째, 에듀테크를 적극적으로 활용해 보자.

에듀테크(EduTech, 교육을 뜻하는 Education과 기술을 뜻하는 Technology의 합성어)의 가장 큰 장점은 AI, 메타버스, AR/VR과 같은 4차 산업혁명의 핵심 기술들을 교육과 연결해 최상의 '맞춤형' 교육을 제공할 수 있도록 한다는 것이다. 예컨대 외국어 공부를 할 때 단어를 읽으면 즉각적으로 발음에 대한 피드백을 얻을 수 있고, 스마트폰 카메라로 문제를 찍어서 올리면 학습자에게 필요한 답변이 실시간으로 제공된다.

빅데이터를 통해 학습 상태에 대한 개별적인 분석도 가능하다. 예를 들어, 유사한 역량과 특징characteristic을 가진 다른 학습자들 80% 이상이 맞춘 문제를 틀렸다면 '조금 더 공부하면 풀 수 있는 문제'로 구분하고, 동일한 학습자들이 평균 30초 동안 푸는 문제를 1~2초 안에 풀었다면 '운이 좋은 케이스'로 구분

할 수 있다. 이 같은 방법으로 에듀테크는 AI를 통해 학습자들의 데이터를 분석한 뒤 맞춤형 콘텐츠를 제공함으로써 교육 효과를 높인다.

'하면 된다', '정신은 육체를 지배한다' 등 고전적인 카운슬링은 이제 식상하다. 학습 의지와 재미를 높일 수 있는 올바른 '방법'과 '도구'를 제공해야 한다. 디지털 기술의 급진적인 발전은 교육의 소비자들에게는 둘도 없는 좋은 기회다. 실제 미래학 분야에서 세계 최고의 석학이라 불리는 토마스 프레이는 "2030년 지구상에서 가장 큰 인터넷 기업은 교육 관련 기업이 될 것이다"라고 주장했다. 필자가 솔루션으로 제시한 게임과 에듀테크가 만병통치약은 아니겠지만 변화를 위한 의미 있는 출발점이 될 수는 있다.

3장

핵심은
창의력이다

09

창의력이
왜 중요할까?

필자에게는 전 세계 모든 국가의 수도를 외우고 있는 대학 동기가 있다. 볼 때마다 참 신기하다. 이따금 질문을 던져 보는데, 10년 넘게 한 번도 틀린 적이 없다. 이 친구는 기본적으로 암기력이 매우 뛰어나다. 공부도 제법 잘해서 좋은 법대에 진학했고, 현재는 대기업 법무팀에서 근무하고 있다. 친구에게 질문했다. "너는 기억력이 좋아서 법 공부하기 편했겠다." 그러자 친구는 이렇게 답했다. "구글에 검색하면 다 나오는데, 뭐."

가벼운 대화였지만 친구의 답변은 우리 시대의 현주소를 잘 보여준다. 21세기는 창의의 시대라고 말한다. 대기업, 스타트업 구분 없이 창의적인 인재를 찾기 위해 노력한다. 지식이 귀했던 과거에는 습득한 '지식의 총량'이 중요했지만, 현재는 그렇지 않다. 간단한 검색으로 정보를 쉽게 찾을 수 있는 시대가 되었기 때문이다.

정답이 정해지지 않은 문제를 해결하기 위해 창의적으로 사고할 수 있어야 한다. AI, 로봇 등 새로운 기술들이 단순 업무를 빠르게 대체하게 되면서 창의적 인재의 중요성이 더욱 강조되고 있다.

그럼 이제 가장 본질적인 질문을 던져보자. 창의력은 어떻게 키울 수 있는 것인가?

첫째, 끊임없이 새로운 경험을 해야 한다.

많은 사람이 창의를 무無에서 유有를 창조하는 행위로 해석한다. 하지만 애플의 창업주인 스티브 잡스는 '창의력은 연결하는 것Creativity is just connecting things'에 가깝다고 주장했다. 프랑스의 철학자 볼테르 역시 독창성을 '사려 깊은 모방'이라고 말했다. 즉 창의력이란 '연관성 없는 것을 연결해 새로운 것을 만들어 내는 능력'으로 정의하는 것이 적절하다.

세상에는 수많은 재료가 존재한다. 우리는 이 재료들을 모아 맛있는 요리를 개발할 수 있다. 하지만 이를 위해서는 각각의 재료들을 미리 '경험'해 봐야 한다. 창의력도 다를 바 없다. 새롭고 독창적인 산출물을 만들기 위해서는 다양한 경험들이 필요하다.

경험은 크게 직접적인 경험과 간접적인 경험이 존재한다. 직접적인 경험과 간접적인 경험의 대표적인 예로는 각각 여행과 독서가 있다. 필자는 특히 창의력을 키우기 위한 방법으로 여행을 적극 추천한다. 우리는 여행을 통해 새로운 것을 보고, 듣고, 느낄 수 있다. 더불어 낯선 환경에서 새로운 동선을 찾는 행위 등을 통해 평소에 쓰지 않는 뇌 기능을 활성화할 수 있다.

둘째, 올바른 질문을 하는 능력을 키워야 한다.

창조적인 결과물은 정확한 질문에서부터 시작된다. 월 사용자가 10억 명이 넘는 인스타그램의 경우 "어떻게 하면 환상적인 위치 공유 애플리케이션을 만들 수 있을까?"라는 질문을 "어떻게 하면 쉽고 편리하게 사진을 공유할 수 있는 애플리케이션을 만들 수 있을까?"라는 핵심 질문으로 전환하면서 폭발적인 성장을 기록할 수 있었다.

스타벅스 역시 회사가 풀어야 하는 질문을 "이탈리아에 있는 에스프레소 바와 같은 공간을 미국에서 어떻게 구현할 수 있을까?"에서 "좋은 커피를 즐길 수 있는 편안한 공간을 어떻게 하면 만들 수 있을까?"로 재정의하면서 큰 성공을 거두었다.

하지만 안타깝게도 한국의 교육은 '좋은 질문자'를 양성하기 쉽지 않은 환경이다. 교육자는 말하고, 학생은 듣는 주입식 교육이 뿌리 깊게 자리 잡고 있기 때문이다. 수업 중에 질문하는 것이 거의 터부시되는 분위기다. 질문이 많은 학생은 수업에 방해가 되는 요소로 간주한다. 이는 심각한 문제다. 이러한 수업 환경부터 바꿔야 한다. 바꾸지 못할 것 같으면 우리 아이들을 위해 새로운 환경을 찾아줘야 한다. 작은 노력으로 큰 임팩트를 만들 수 있는 영역이다.

디지털 기술의 발전은 전통적인 노동시장의 패러다임을 바꾸고 있다. 영화 〈아이언맨〉의 실제 모델로 잘 알려진 일론 머스크는 AI의 상용화로 인해 인간의 20%만 의미 있는 직업을 갖게 될 것이라고 주장했다. 기술 혁명이 인간의 신체뿐만 아니라 지적 노동력까지 대체한다는 뜻이다. 하지만 AI와 같은 새로운 기술들이 쉽게 침범할 수 없는 인간의 고유 영역이 있다.

바로 '창의력'이다.

창의력은 이제 선택이 아닌 필수다. 많은 전문가는 창의력이 타고난 재능이 아닌 훈련을 통해 습득할 수 있는 능력이라고 말한다. 필자 역시 이 의견에 동의한다. 창의력을 키우기 위해서는 많이 경험하자. 적극적으로 질문하자. 우리는 생각보다 엄청나다.

10

AI의 세상에서도 독서는 중요하다: 창의력을 키우는 올바른 독서법

                  필자는 유튜브를 했다. 약 50만 명 정도의 팔로워가 있는 오마이스쿨 채널에서 '스타트업과 디지털 기술 트렌드'라는 강의를 진행했다. 그래서일까? 학부모들이 아이 교육에 동영상이 좋은지, 독서가 좋은지에 대해 종종 물어보신다.

    우리 아이들은 유튜브와 같은 동영상 채널에 익숙해져 있다. KT그룹의 디지털 미디어랩에서 진행한 조사에 따르면 10대 인터넷 이용자 10명 중 7명이 유튜브를 검색 채널로 쓰고 있다. 10대 이용자의 모바일 동영상 이용 시간은 하루 평균 123.5분으로 전체 평균인 75.7분의 약 2배 정도 되는 수치를 기록했다.

영상에 대한 관심이 높아지니 좋은 콘텐츠들도 많이 만들어지고 있다. 실제로 웬만한 정보는 유튜브를 통해 쉽게 찾아볼 수 있다. 글의 시대에서 사진의 시대로, 사진의 시대에서 영상의 시대로 넘어가고 있는 것이다.

그럼에도 불구하고, 필자의 입장은 명확하다. 교육의 관점에서 책 읽기는 반드시 필요한데, 크게 두 가지 이유가 있다.

첫째, 독서에는 '여백의 미美'가 있다.

여백은 아이들의 상상력을 자극한다. 먼저 유튜브를 생각해보자. 동영상은 디테일한 정보를 제공한다. 모든 화면을 매우 사실적으로 표현한다. 그러다 보니 아이들이 상상할 수 있는 공간room이 제한적이다.

하지만 책은 다르다. 글자 간에 여백, 문단 사이의 여백, 페이지 간의 여백을 통해 아이들의 뇌는 자연스럽게 글이 표현하고자 하는 장면을 머릿속에 그리게 된다. 상상하는 과정 속에서 신경세포들은 더 빠르게 연결되고, 새로운 신경망 회로는 더 많이 생성된다. 이를 통해 평소 신호를 주고받지 않던 뇌의 영역들도 두루 사용하게 되는데, 이때가 바로 창의적인 아이디어 혹은 창의성이 강화되는 시점이다. 책의 여백은 상상력을 자극함으로써 창의력을 키울 수 있는 매우 유용한 교육적 도구다.

둘째, 책은 생각을 정리하는 방법을 알려준다.

최근 교육 트렌드를 보면 창의적 사고력에 매몰되어 논리력의 중요성을 간과하는 경우가 많다. 하지만 새로운 아이디어를 생각하고 독창적인 상품을 만들기 위해서는 기존에 있었던 점dot들을 연결connect하는 작업이 선행되어야 한다. 이때 반드시 필요한 역량이 바로 논리력인데, 논리력을 키우는 데 책만큼 좋은 선생님을 찾기는 어렵다.

쉽게 생각해 보자. 대부분의 사람은 본인의 생각을 말로 표현하는 것은 비교적 쉽게 하는 편이지만, 이를 글로 정리하라고 하면 막히는 경우가 많다. 왜냐하면 말은 대화하듯이 할 수 있지만 글이라는 것은 생각이 먼저 정리되어야 하기 때문이다. 대부분의 책은 생각을 정리하는 과정을 수없이 반복한 후에 나온 결과물이다. 아이들은 이처럼 고민의 흔적이 가득한 '완성품'을 읽는 행위를 통해 생각을 질서 정연하게 정리하는 방법, 즉 논리력을 직·간접적으로 학습하게 된다.

필자의 경우 책을 여러 권 사서 읽는 편이다. 3~4권을 동시에 읽는데 한 권을 읽다가 지루하면 다른 책을 본다. 그리고 모든 책을 항상 완독하지는 않는다. 처음부터 끝까지 읽어야 한다는 강박관념은 책에 대한 관심도를 떨어뜨릴 수 있다.

초등학생의 경우 만화책부터 시작하는 것을 추천한다. 필자는 60권짜리 만화《삼국지》를 읽으면서 독서에 대한 관심을 키울 수 있었다. '관심'과 '습관'이 생기면 두꺼운 책도 도전할 수 있다. 두꺼운 책까지 완주하면 독서를 위한 '근육량'이 늘어난다. 마라톤도 의지만으로는 할 수 없다. 기초 체력이 뒷받침되어야 한다. 독서도 다르지 않다. 첫술에 배부를 수 없다는 점을 명심하자.

셋째, 책과 동영상을 상호 보완적으로 사용하라

앞에서는 독서의 중요성에 대해 강조했다. 그렇다고 동영상을 통한 학습을 반대하는 뜻은 아니다. 앞서 언급했듯 필자도 유튜브를 통해 강의하고 있고, 해당 채널이 갖는 장점이 명확하다고 생각한다. 아이들 교육에서 가장 이상적인 방법은 책과 동영상을 상호 보완적으로 사용하는 것이다. 특히 방대한 양의 지식을 압축적으로 습득할 때는 전문가가 잘 정리해 놓은 요약영상을 보는 것이 더 효율적일 것이다. 미술과 음악같이 시각적·청각적인 요소가 많은 분야를 학습할 때도 책보다는 영상 교육이 더 적절할 것이다.

"내게 하버드대학 졸업장보다도 소중한 것이 독서하는 습관이다."

세계 최대 테크 기업 중 하나인 마이크로소프트의 창업주 빌 게이츠의 말이다. 쉽게 얻은 재물은 쉽게 잃어버리는 경우가 많은 것처럼, 쉽게 얻은 지식은 쉽게 잃어버릴 확률이 높다. 책을 읽는 행위는 상당히 고통스러울 때가 많다. 하지만 독서가 주는 가치는 그만큼 명확하다. 미래 사회는 더 많이 고민하고, 더 많이 상상하는 아이들에게 더 유리한 시대가 될 것이다.

참 재미있다. 세상이 아무리 빠르게 변해도 가장 본질적인 것들은 무한한 영속성을 갖는 듯하다. '독서=성공의 지름길'이라는 공식처럼.

11

여행은 창의력 훈련이다:
창의력을 키우는 올바른 여행법

　　　　　　창의력이 디지털 시대의 핵심 역량이
라는 것은 이제 두말하면 입 아프다. 관건은 '어떻게How' 창의력
을 키울 수 있냐는 것인데, 필자가 추천하는 방법 중 하나는 바
로 여행이다.

　거장의 반열에 오른 작가들 중 여행 애호가로 알려져 있는
작가들이 많다. 어니스트 헤밍웨이는 쿠바 여행 중 집필하였던
《노인과 바다》를 집필해 노벨 문학상을 받았고,《톰 소여의 모
험》의 작가인 마크 트웨인은 여행 작가 출신이었다. 창의적인

아이디어로 세상을 놀라게 한 사업가들에게서도 비슷한 패턴이 보인다.

창의력의 대명사가 된 스티브 잡스의 경우 대학생 시절에 떠난 인도 여행이 그의 커리어에 큰 임팩트를 준 것으로 알려져 있다. 루이비통의 아티스틱 디렉터 니콜라 제스키에르는 여행을 통해 창의적 영감을 얻는다고 밝힌 바 있다.

필자 역시 지금까지 《이토록 쉬운 블록체인&암호화폐》, 《코딩이 미래다》, 《멈추지 않는 진화 블록체인&암호화폐 2.0》, 《초3부터 진로 코칭》, 《나는 그랩과 우버에 투자했다》 등 5권의 책을 출간했는데, 재미있는 점은 책에 들어간 상당수의 내용을 여행 중에 떠올렸다는 것이다. 여행 장소는 주로 부산과 같이 바다와 인접한 대도시였다. 집필했던 세 권의 책에 대한 아이디어 모두 여행에서 떠올렸으니 우연이라고 단정하기는 어렵다.

이에 대해 미국의 저명한 심리학자이자 컬럼비아대학 경영학과장인 아담 갈린스키는 여행이 '이질적인 것들을 연결하는 능력ability to make deep connections between disparate forms'을 향상한다고 말했다. 예를 들어, 인도네시아로 여행을 갔다고 가정해 보자. 공항에 도착해서 호텔로 이동하려고 한다. 카카오택시와 유사한 그랩Grab이라는 앱을 켜서 택시를 부른다.

뭔가 비슷해 보이기는 하는데 전혀 다른 언어를 사용하는 기사가 운전대를 잡고 있다. 도로는 한국의 그것과 크게 다르지는 않지만 길의 상태며, 운전자들의 패턴이며, 모든 것이 익숙하지 않다. 하지만 우리는 상당히 빠르게 적응한다. 불편하고 어색하지만 평소 보던 것들과 연결고리를 찾아나간다.

앞에서도 얘기했듯이 창의력이란 무에서 유를 창조하는 행위가 아니다. 오히려 '기존에 있지만 연관성이 없는 것들을 연결해 새로운 것을 만들어 내는 역량'으로 정의함이 적절하다. 다시 말해, 창의력을 향상하기 위해서는 서로 다른 생각들을 연결하는 훈련이 필요한데, 여행을 가면 자연스럽게 이런 메커니즘이 작동하게 된다. 이 과정에서 평소 잘 활용하지 않는 뇌 기능을 활성화하게 되니 효과가 더 커지는 것이다.

주의해야 할 점은 여행을 간다고 무조건 창의력이 높아지지는 않는다는 것이다. 앞서 언급한 갈린스키 교수의 연구 결과에 따르면 지나치게 많은 나라를 방문할 경우 독창성이 오히려 줄어드는 모습을 보였다. 더불어 완전히 다른 문화권으로 여행하는 것보다 비슷한 문화권을 갔을 때 창의력 점수가 더 높아졌다.

갈린스키는 너무 환경이 다른 곳을 가게 되면 심한 거리감을 느끼게 되어 '이질적인 것들을 연결'하려는 시도조차 하지 않고, 기존의 방식을 고수할 확률이 높기 때문이라고 분석했다. 비슷한 맥락에서 휴양지에서 그냥 쉬고 오는 것보다는 현지인들과 소통하고 현지 문화를 적극적으로 접하고 적응해 보는 여행법이 창의력을 키우는 데 더 도움이 된다고 한다.

국내 여행도 좋은 옵션이다. 해외여행을 가서 다른 문화를 경험하고 다른 언어를 꼭 써야 한다는 뜻이 아니다. 우리의 뇌를 '익숙하지 않은' '불편한' 공간에 노출하는 것만으로도 유의미한 자극을 줄 수 있다.

여러 번 강조했듯 창의력은 AI나 기계가 흉내 내기 어려운 인간의 독창적인 능력이다. 창의력을 키우는 노력은 이제 선택이 아닌 필수다. 마침 우리에게는 즐기면서 할 수 있는 좋은 훈련법이 있다. 듣기만 해도 설레는 그 단어, 바로 여행 말이다.

IT 거인 손정의 회장,
그는 어떻게 창의력을 키웠을까?

'동양의 빌 게이츠', '아시아의 워런 버핏', '벤처투자의 거물'

모두 손정의 회장을 묘사하는 수식어다.

손정의 회장은 재일교포 3세로 소프트뱅크라는 아시아 굴지의 기업을 일군 입지전적인 인물이다. 그는 수백조 원 규모의 기술 투자 펀드를 운영하고 있고, 핵심 포트폴리오로는 중국의 온라인 거래 플랫폼 알리바바, AI의 선두 주자인 엔비디아, 한국의 쿠팡 등이 있었다.

그는 '정보 혁명으로 사람을 행복하게 한다'라는 이념하에 아시아를 넘어 세계를 제패한 IT 거인이 되었다. 최근 실적은 과거만 못 하지만 그가 글로벌 경제에 지대한 영향력을 미치고 있다는 것은 부인할 수 없는 사실이다.

그의 성공 스토리 속에는 기존의 틀을 깨는 혁신적인 아이디어들이 많았다. 그래서 필자는 삶의 지혜를 얻고 싶을 때면 손정의 회장과 관련된 서적과 인터뷰를 자주 찾아보는 편이다. 그 과정에서 한 가지 알게 된 사실은 손정의 회장의 '창의적 사고력'이 청소년기의 경험과 후천적 노력에 의해 만들어진 결과물이라는 것이다.

손정의 회장은 열여섯 살에 학교를 중퇴하고 미국으로 유학을 떠났다. 자유롭고 쾌활한 미국의 풍토가 손정의 회장의 마음을 사로잡았다. 그리고 그는 이렇게 얘기한 바 있다.

"미국 유학을 포기하고 일본에서 학창 시절을 보냈다면 지금의 나는 없었을 것이다."

미국의 교육 시스템은 창의력과 독창성을 중시한다. 또래의 친구들과 경쟁하며 대학 입학과 취업에 몰두하는 일본의 그것과는 상당히 대조적이다. 자유로운 교육 환경에서 새로운 발명품을 만들고 창업 아이템을 마음껏 고민하는 청소년기가 없었다면 오늘날의 손정의로 성장하기 어려웠을 것이다.

더불어 그는 지독한 노력파였다. 미국 UC버클리대학 재학 시절, 손정의 회장은 하루 한 건씩 1년 동안 발명을 계속하겠다고 다짐했다. 매일 5분, 하루도 빠짐없이 발명품 아이디어를 짜는 행위를 습관화했다. 또한 창의적 사고를 하기 위한 나름의 시스템을 개발했는데, 방법을 간략하게 설명하면 다음과 같다.

손정의 회장은 본인이 생각나는 단어를 무작위로 암기 카드에 적었다. 300장 정도가 모이면 이 중에서 3장을 뽑았고, 그 세 가지를 조합해서 새로운 상품으로 만들어 보았다.

예를 들어 그가 뽑은 카드가 '선글라스', '이어폰', '자전거'라고 가정해 보자. 이 경우 '자전거를 타면서 이어폰 없이 선글라스만 껴도 음악을 들을 수 있는 것'과 같이 문장을 재구성함으로써, 발명품과 관련하여 창의적인 아이디어를 정리하는 과정을 반복했다.

 손정의 회장은 이 같은 방법을 통해 '음성 장치가 달린 다국어 번역기'라는 발명품 원형을 만들었고, 샤프전자에 팔아 약 1억 엔이라는 큰돈을 벌 수 있었다. 이를 자본금으로 그는 벤처 회사를 창업하여 지금의 소프트뱅크를 일구게 되었다.

 여기서 주목할 점은 바로 손정의 회장의 후천적 노력이다. 세계적 베스트셀러인《아웃라이어Outlier》의 저자 말콤 글래드웰은 한 가지 부문에 큰 성과를 이루기 위해서는 '1만 시간' 동안의 훈련과 사전 준비가 필요하다고 말한다. 창의력도 마찬가지다. 우리가 흔히 얘기하는 창의력의 대명사인 피카소, 아인슈타인 등은 공통적으로 최소 10년간의 노력 끝에 비약적인 성장을 경험했다고 한다. 창의적인 사고력도 결국은 후천적인 노력이 필요할 수밖에 없다는 뜻이다.

이는 대한민국의 학부모들에게도 시사하는 바가 크다. 요즘 강남권에 사는 아이들의 하루 일과를 보면 숨이 막힐 지경이다. 초등학교 입학과 동시에 쉴 틈 없이 학원에 다닌다. 중학교, 고등학교 때는 상황이 더 심각해진다.

육아정책연구소가 진행한 연구 결과에 따르면 사교육을 일주일에 1회 더 받을수록 창의력 점수가 0.56점씩 감소한다고 한다. 이런 환경 속에 자녀들을 방치하면서 우리 아이들이 창의적인 인재가 되길 바라는 것은 상당히 모순적이다.

여백이 필요하다. 자유롭게 생각하고 고민할 수 있는 환경을 마련해 줘야 한다. 경제적인 여건이 뒷받침된다면 유학도 고민해 볼 만하고, 대안학교나 홈스쿨링 같은 비전통적인 교육도 고려해 볼 수 있다. 청소년기의 교육 환경은 창의성 개발에 유의미한 영향을 미치는 핵심 요소 중 하나다.

다시 손정의 회장의 얘기로 돌아와 보자. 손 회장은 청소년기에 다음과 같은 인생 계획을 세웠다.

"20대에는 회사를 세우고 세상에 나의 존재를 알린다. 30대에는 최소 1조 원의 자금을 모은다. 40대에는 수십조 원 규모의 승부를 건다. 50대에는 사업을 완성하고, 60대에는 다음 세대에게 완성한 사업을 물려준다."

엄청난 패기가 느껴지는 계획이다. 이를 현실로 만든 손정의 회장의 실행력을 인정하지 않을 수 없다.

하지만 필자에게 더 인상적인 부분은 소년 손정의가 가졌던 '꿈의 그릇'이다. 창조, 창의에 공통적으로 들어가는 한자인 창創은 '창고倉'와 '칼刂'이 결합한 글자다. 이는 창고가 재목을 연장으로 다듬는 일에서부터 '만들어진다' 혹은 '창조된다'라는 뜻을 내포한다.

참 재미있다. 우리는 같은 연장을 가지고 곳간과 같은 작은 창고를 만들 수도 있고, 거대한 궁궐을 창조할 수도 있다. 결국 '칼'을 쓰는 사람의 의지와 목표가 중요한 것이다.

창의력 향상에 교육 환경과 후천적 노력이 가장 중요하다. 다만, 그중 으뜸은 새로운 것을 창조하고자 하는 한 사람의 '꿈의 크기'가 아닐까 싶다.

4장

창업 교육과
금융 교육이 필요하다

12

취업의 시대에서
창업의 시대로

필자는 〈이태원 클라쓰〉라는 드라마를 재미있게 봤다. 대한민국 요식 업계 1위를 꿈꾸는 남자 주인공 '박새로이'가 단밤이라는 스타트업 브랜드를 키워 가는 과정을 보여주는 작품인데, 조금 비현실적인 내용들도 있지만 전반적으로 스타트업 관련 디테일들을 맛깔스럽게 살렸다.

드라마의 핵심 성공 요소 중 하나는 바로 '공감대 형성'이다. 대중에게 사랑받는 작품들은 그 시대의 트렌드를 잘 반영하는 편이다. 그런 의미에서 〈이태원 클라쓰〉의 인기는 '스타트업'이라는 키워드가 비주류에서 주류로 넘어오고 있음을 보여준다고 할 수 있다.

박새로이는 대기업에 어렵게 취직해 '미생'의 삶을 살아가는 청년의 모습과는 거리가 멀다. 현실에 타협하지 않고 자신의 소신을 관철하며 본인의 철학이 담긴 '창업가'의 길을 걷는다. 남자 주인공의 멋짐에 대중은 열광했는데, 조금 더 확장해서 해석하면 노동시장의 키워드가 '취업'에서 '창업과 창직'으로 전환되고 있음을 방증한다.

이런 흐름을 촉진한 몇 가지 요소가 있었는데, 그중 대표적인 것은 바로 스타트업계의 약진이다. 멀리 갈 것도 없다. '배달의민족'을 운영하는 '우아한형제들'은 약 5조 원의 기업 가치를 인정받고 독일 기업에 인수되었다. 창업 신화의 대표주자 김택진 엔씨소프트 대표, 이해진 네이버 창업자, 김봉진 우아한형제들 대표는 한국 경제가 선정한 차세대 CEO 톱10에 포함되었다.

정부 기조 역시 창업에 우호적이다. 대한민국 정부는 창업을 적극적으로 장려한다. 벤처투자 전문 공공기관인 한국벤처투자가 운용하는 '모태펀드'에는 2024년 예산으로 약 1조 원이 편성되었다. 정부의 전폭적 지원하에 국내 벤처 투자는 이미 4조 원을 돌파했다. 단군 이래 최대 규모의 금액이다. 총선 때가 되면 주요 정당들이 '유니콘 스타트업 창출', '벤처 강국'과 같은 키워드를 앞다투어 강조하는 모습도 이제는 어렵지 않게 볼 수 있다.

조금 더 거시적으로 접근하면, 기술의 발전으로 인해 대기업이 아닌 '개인'이 생산과 소비의 주체로 진화하고 있다. 서울대학 소비트렌드분석센터의 김난도 교수도 강조했듯 SNS를 기반으로 하는 1인 미디어가 1인 마켓으로 발전하고 있고, 소비자가 판매자가 되는 '셀슈머sell-sumer'라는 키워드가 이미 온라인 시장을 주도하고 있다. 이들은 인스타그램과 같은 SNS를 통해 본인들의 라이프 스타일을 노출하고, 그 안에서 자연스럽게 일상 속 패션 아이템과 뷰티 상품 등을 판매한다.

다른 예로는 유튜버YouTuber를 들 수 있다. 크리에이터들은 유튜브를 통해 자신의 콘텐츠를 공유하고, 이를 통해 막대한 수익을 창출하고 있다. 과거 인기 유튜버였던 대도서관의 경우 본인의 연간 수익이 약 17억 원이라고 공개한 바 있다. 유튜버는 2024년 기준으로 초등학생들이 원하는 직업 3위까지 올랐다.

세상은 빠르게 변하고 있다. 우리는 100세 시대를 살고 있는데, 60대가 정년인 월급쟁이로만 사는 건 라이프 사이클에 맞지 않는다. 평생직장은 이제 더 이상 미덕이 아니다. 창업·창직은 결코 쉬운 길이 아니지만 이제는 모두 이 새로운 시대 흐름에 대해 진중하게 고민해 봐야 한다.

애플의 창업자인 스티브 잡스는 스탠퍼드대학 졸업식 축사에서 다음과 같이 말했다.

"여러분의 시간은 제한적입니다. 그러니 다른 사람의 인생을 살며 귀중한 시간을 낭비하지 마세요. 가장 중요한 것은 여러분의 가슴과 직관을 따르는 용기를 갖는 것입니다."

아마존의 창업자 제프 베조스도 이렇게 말했다.

"저에게 아마존을 시작하는 결정은 생각보다 쉬운 일이었습니다. 저는 80살이 되었을 때를 상상해 봤습니다. 인생을 돌아보고 있는 제 모습을요. 그러니 한 가지 분명한 사실을 알 수 있었습니다. 80살이 된 제가 아마존을 만들기 위해 시도했던 순간들을 후회하지 않을 것이라는 사실 말이죠."

직관을 따르는 용기, 후회를 최소화하는 삶. 우리는 박새로이라는 극 중 캐릭터를 통해 세계적인 창업자들의 패기를 느끼며 공감하고 있다. 다시 얘기하건대 창업과 창직의 길은 결코 쉽지 않다. 하지만 이미 많은 사람이 새로이의 삶을 꿈꾸고 있다. 취업의 시대에서 창업의 시대로의 전환, 이제는 거스르기 어려운 거대한 흐름이 되어 가고 있다.

13

창업의 시대에는 어떤 인재가 생존할까: 3C가 핵심이다

평생직장의 시대는 끝났다. 우리는 이미 100세 시대를 살고 있는데 60대가 정년인 월급쟁이로만 사는 건 라이프 사이클에 맞지 않다.

내 일은 내가 만드는 창직과 창업의 시대가 오고 있다. 미국 뉴욕대학의 아룬 순다라라잔Arun Sundararajan 교수는 기술의 발전으로 인해 '개인'이 생산과 소비의 주체가 되고, 창업자의 수가 기하급수적으로 증가할 것이라고 예상했다. 그는 미국 전체 근로자의 절반이 20년 후에는 자영업자로 전환될 것이라고 예측

했다. 우리 아이의 행복한 삶을 위해서는 창업이라는 옵션도 결코 배제해서는 안 된다.

그렇다면 창업의 시대에서는 어떤 인재들이 생존할 수 있을까? 필자의 답은 '3C~Coding, Creativity, Communication~'이다.

첫째, 코딩~Coding~을 배워야 한다.

메타(이전 페이스북), 마이크로소프트, 구글 등 세계 최고 기업을 만들어 내며 혁신 창업의 터전이라고 불리는 미국의 사례를 살펴보자.

이 회사들의 창업주들은 한 가지 공통점이 있다. 어렸을 때부터 이미 코딩 교육을 받았다는 것이다. 페이스북을 창업한 마크 저커버그는 중학생 때 처음 코딩을 배웠다. 치과 의사였던 그의 아버지는 개인 과외 교사를 고용해서 아들에게 프로그래밍을 가르쳤다. 고등학교 때는 집 근처에 있는 머시 칼리지~Mercy College~로 보내 대학생들과 함께 코딩 수업을 듣게 했다.

마이크로소프트의 창업주인 빌 게이츠 역시 중학생 때 코딩을 배웠다. 코딩에 큰 흥미를 느낀 그는 수업도 빼먹고 학교 컴퓨터실에서 아예 살다시피 했다고 한다.

구글의 래리 페이지는 6살 때부터 컴퓨터를 장난감처럼 가지고 놀며 자랐다. 페이팔의 창업주이자 테슬라의 수장인 일론 머스크도 12살 때부터 프로그래밍을 공부했고, 직접 제작한 '블래스터'라는 게임을 500달러에 팔기도 하였다.

코딩은 자신의 아이디어를 구체화할 수 있는 매우 유용한 수단이다. 디지털 시대에 코딩을 모르면 내 아이디어를 구현해 줄 프로그래머를 찾아야 하는데, 이는 상당히 번거로운 일이고 많은 시간과 에너지가 소모된다. 반면 개발 능력이 있는 창업자들은 떠오른 아이디어를 빠른 시간 내에 구체화할 수 있다. 향후 개발 업무의 상당 부분은 AI가 수행할 것으로 예상되지만, 이런 훌륭한 도구를 더 잘 활용하기 위해서는 코딩에 대한 이해가 필요하다.

둘째, 창의력Creativity을 키우자.

성공한 창업자들은 시장에 없는 새로운 가치를 발굴하고 이를 사용자들에게 제공한다.

카카오톡을 만든 김범수 의장을 생각해 보자. 한 건당 20~30원씩 하던 유료 문자가 당연하던 시절, 그는 카카오톡이라는 무료 문자 서비스를 출시했다. 와이파이만 있으면 텍스트 수 제한 없이 언제든 무료로 문자를 보낼 수 있는 서비스에 사용자들은 열광했다. 출시 1년 만에 사용자 수 1,000만 명을 돌파했고, 현재는 약 4,500만 명의 대한민국 국민이 카카오톡을 사용하고 있다. 말 그대로 '초대박'을 터트린 것이다. 생각해 보면 카카오톡은 그렇게 복잡한 서비스가 아니다. 하지만 김범수 의장과 그의 팀은 '문자는 반드시 유료다'라는 고정관념을 버릴 수 있는 역량이 있었고, 우리는 이를 '창의적 사고'라고 표현한다.

앞에서도 얘기했듯 창의력은 타고난 재능이 아닌 훈련을 통해 습득할 수 있는 능력이다. 창의력이란 '연관성 없는 것을 연결해 새로운 것을 만들어 내는 능력'으로 정의하는 것이 적절하다. 김범수 의장도 '문자'와 '무료'라는 연관성 없어 보이는 두 단어를 연결함으로써 새로운 서비스를 창출할 수 있었다. 성공한 창업자가 되기 위해서는 창의력이 필요하다.

희망적인 소식은 이 핵심 역량이 소수에게만 부여되는 특별한 능력은 아니라는 것이다. 많이 경험하고, 적극적으로 질문하며, 깊이 있게 고민하는 훈련을 통해 틀을 깨는 상상력을 키워 보자.

셋째, 결국은 커뮤니케이션 Communication**이다.**

아무리 좋은 상품과 서비스가 있어도 이를 고객이나 투자자에게 제대로 전달하지 못하면 말짱 도루묵이 될 수 있다. 커뮤니케이션 역량은 성공한 창업자들의 공통적인 특징이다.

대표적인 예가 바로 애플의 창업주인 스티브 잡스다. 그의 프레젠테이션은 간단하지만 명료했다. 제품의 핵심 가치를 임팩트 있게 전달하는 그의 능력은 탁월함 그 자체였다. 스티브 잡스는 신제품 발표 때마다 검정 터틀넥에 청바지, 뉴발란스 운동화를 신고 청중 앞에 나타났다. 정장 차림으로 대중 앞에 서온 대부분의 CEO와는 확연히 다른 모습이었다. 그의 스타일에 많은 사람은 충격을 받았다. 자연스럽게 '애플=혁신'이라는 이미지가 구축되었다. 그는 '언어'뿐만 아니라 '패션'을 통해서도 소비자들과 커뮤니케이션할 수 있었던 것이다.

스티브 잡스는 앞에서 언급한 창업주들과는 달리 본인이 직접 코딩하는 개발자는 아니었다. 하지만 팀원들을 올바른 방향으로 이끌 수 있는 내공이 있었다. 그는 스스로를 '오케스트라의 지휘자'라고 표현했다. 본인이 직접 악기를 연주하지는 않지만, 연주자들이 모인 오케스트라를 훌륭하게 다루는 리더였던 것이다. 그리고 스티브 잡스의 커뮤니케이션 능력은 그의 리더십을 지탱하는 든든한 버팀목 중 하나였다.

취직의 시대에서 창직과 창업의 시대로 패러다임이 바뀌고 있다. 필자가 꼽은 승자의 키워드는 3C Coding, Creativity, Communication다.

14

창업을 꿈꾸는 아이:
목표 대학부터 다시 살피자

사회 시스템은 쉽게 바뀌지 않는다. 우리가 적응하는 것이 더 빠르다. 대학도 마찬가지다. 현명한 부모라면 제2의 스티브 잡스, 마크 저커버그를 꿈꾸는 우리 아이들에게 더 적합한 교육기관이 무엇일지 고민해야 한다.

필자가 첫 번째로 소개하고 싶은 기관은 바로 **미네르바 스쿨**Minerva School이다. 미국의 벤처 투자자인 벤 넬슨이 설립한 미네르바 스쿨은 하버드대학(입학률 5%)보다 들어가기 어려운 학교다. 평균 합격률은 2~3% 수준이고, 전 세계 70여 개 국가에서 2만 명 이상의 학생들에게서 지원서를 받고 있다. 예일대학·프린스턴대학·서울대학과 같은 국내외 명문대학교 대신 미네르바 스쿨에 입학하는 사례도 늘고 있다.

이 학교는 도서관도, 강의실도 없다. 학생들은 정해진 시간에 온라인으로 접속하여 강의를 듣는다. 수업도 미리 준비해 온 주제로 교수와 함께 토론하는 방식이다. 본사는 미국 샌프란시스코에 있지만 학생들은 학기마다 전 세계를 돌아다니며 교육을 받는다. 수업 외 시간에는 학교와 연계된 기업·비영리단체·공공기관들과 함께 프로젝트를 진행한다. 아마존, 우버, 애플, 카카오, SK 등의 글로벌 회사들이 미네르바 스쿨 학생들에게 현장 경험을 제공한다.

〈포브스〉는 미네르바 스쿨을 "세상에서 가장 흥미롭고 중요한 고등 교육기관"이라고 평가한다. 세계 각국을 돌아다니면서 현지의 기업 문화를 직접 체험할 뿐만 아니라, 산업의 주요 인사들과 자연스럽게 네트워킹할 수 있다. 학교 일정이 끝나면 로컬들이 즐겨 찾는 맛집을 탐방하고, 현지 친구들의 주도하에 각 도시를 여행한다. 이 같은 경험들은 학생들에게 매우 값진 재료가 된다.

이런 재료들이 모이고 연결되면 '창의력'이라는 형태로 발현된다. 여러 번 강조했듯 창의력은 창업가들에게 요구되는 핵심 자질 중 하나다. 더불어 콘텐츠가 풍부한 사람은 흥미롭다. 흥미로운 사람은 매력적이고, 매력적인 사람에게는 인재들이 모인다. 스타트업은 혼자 할 수 없다. 좋은 동료가 필요하다. 매력적인 창업가는 이런 작업을 더 수월하게 할 수 있다.

두 번째로 소개할 프로그램은 바로 미국의 **MIT 미디어랩**Massachusetts Institute of Technology Media Lab이다. MIT 미디어랩은 '꿈을 생산하는 공장'으로 유명하다. 터치 스크린, GPS, 웨어러블 등 수많은 혁신을 만들어 낸 곳이다. AI의 아버지로 불리는 마빈 민스키Marvin Minsky와 멀티미디어의 개념을 최초로 제시한 니콜라스 네그로폰테Nicholas Negroponte 등이 1985년에 설립했다.

주요 연구 주제는 과학과 미디어, 예술을 접목하는 것이지만, 리서치의 폭이 한정되어 있지 않다. 현재 400여 개의 프로젝트가 진행 중이며 블록체인, 생명과학, 암호화폐, 가상현실 등 연구 주제가 다양하다.

MIT 미디어랩은 기발하고 상상력이 넘치는 연구로 주목을 받아왔다. 석·박사 과정을 모두 제공하지만, 특정한 전공을 하거나 논문을 제출할 의무가 없다. MIT 미디어랩의 학생들은 학교로부터 전폭적인 지원을 받는다. 학비와 보험은 물론이고, 고액의 생활비Stipend가 지급된다. 자본의 눈치를 보지 않고 미래

지향적인 연구에 집중할 수 있다.

세계에서 가장 창의적인 공부가 이루어지는 곳 중 하나인 만큼 입학 경쟁률이 치열하다. 매년 약 50명가량의 석·박사 학생을 선발하고 있는데, 경쟁률은 무려 250 대 1에 육박한다. 성적이 우수한 인재들이 대기업, 공공기관, 의대, 로스쿨 등으로 모이는 한국과는 대조적인 모습이다.

MIT 미디어랩 학생들의 꿈은 교수가 아닌 사업가다. 이들의 최대 관심사는 고정관념을 깨고 세상을 바꿀 만한 아이디어를 구현하는 것이다. MIT 미디어랩 출신이자 필자의 지인인 아니루드 샬마Anirudh Sharma 역시 마찬가지였다.

인도 출신인 그는 공기에 떠다니는 오염물질을 잡아 친환경 잉크로 만드는 기술을 개발하여 특허를 받았다. 이 기술을 바탕으로 그래비키Graviky라는 벤처 회사를 창업했고, 샬마는 〈포브스〉가 선정한 '2017년 가장 영향력 있는 30세 이하 기업인'으로 선정되었다. 그는 다수의 회사와 학계로부터 러브콜을 받았지만 창업을 선택했다. MIT 미디어랩을 통해 탄생한 그의 작품 그래비키가 사회적인 문제점을 해결하고, 의미 있는 가치를 창출할 수 있다고 믿었기 때문이다.

대한민국 교육의 중심은 결국 '대학'이다. 미국도 마찬가지다. 정도의 차이만 있을 뿐 결국 기승전 대입이다. 시대가 빠르게 변하면서 전통적인 대학 교육기관들이 흔들리고 있지만, 앞서 언급했듯 깊게 뿌리 박힌 시스템을 단기간에 바꾸기는 어렵다.

하지만 우리 아이들이 목표로 하는 학교를 조정하는 것은 가능하다. SKY가 능사는 아니라는 뜻이다. 미네르바 스쿨, MIT 미디어랩 등 창업가 교육에 적합한 대학 기관 및 프로그램들에 대해서도 함께 고민해 보자.

15

세상을 바꾸는 창업자 일론 머스크, 삶의 원동력은 끈기와 비전이다

2020년대에 들어 가장 화두가 되는 회사 중 하나는 역시 테슬라다. 많은 사람이 알고 있듯, 테슬라의 CEO인 일론 머스크는 영화 〈아이언맨〉의 주인공인 토니 스타크의 실제 모델이다. 일론 머스크에 대한 시장의 평가는 엇갈리는데, '천재 사업가'라는 별명과 '희대의 사기꾼'이라는 별명을 모두 가지고 있다.

그럼에도 불구하고 명확한 팩트는 일론 머스크가 시대를 대표하는 연쇄 창업가라는 것이다.

그는 12살 때 '블래스터'라는 컴퓨터 게임을 만들어 한 잡지에 게임 소스 코드를 500달러에 판매했다. 23살에는 지역 정보 회사인 '집투코퍼레이션'을 창업하고 지분을 약 269억 원에 매각해 백만장자 반열에 올랐다. 이후 창업한 '페이팔'은 이베이에 인수되며 일론 머스크는 약 2,000억 원의 수익을 얻었다.

이 돈은 머스크가 다른 회사들을 창업하는 기반이 됐는데, 첫 번째로 2002년 6월 민간 우주 항공 기업인 스페이스X를 설립했다. 이와 동시에 '테슬라'의 CEO로서 전기차 시장을 개척했고, 태양 에너지 회사인 '솔라시티'에 투자했다. 이 외에도 '뉴럴링크'라는 스타트업을 통해 인간의 뇌와 컴퓨터를 연결하는 프로젝트를 진행 중이며, 100% 태양광 에너지로 운행되는 시속 1,280km의 고속열차 '하이퍼루프'를 개발하고 있다.

참 많은 걸 하고 있다는 생각이 들지만, 그의 사업에는 한 가지 공통분모가 있다. 바로 '지속 가능한 미래'라는 키워드다. 머스크의 첫 공식 전기인《일론 머스크 : 테슬라, 스페이스X 그리고 환상적인 미래에 대한 탐구Elon Musk: Tesla, SpaceX, and the Quest for a Fantastic Future》에는 그가 유년 시절 지독한 괴롭힘을 받았다고 기술되어 있다. 이런 과정에서 머스크는 삶에 대해 많은 고민을 했다고 한다. 아픈 경험으로 인해 일찍 철이 든 유형인데, 상처가 깊었던 만큼 '인간의 삶'에 대해 더 치열하게 고민했고, 그 고민이 결국 '인류의 지속 가능한 미래를 위해 본인이 어떤 일을 할 수 있을까'로까지 진화한 것이다.

이런 그의 철학을 잘 반영한 사업 중 하나가 바로 스페이스X다. 머스크는 인류가 지구 종말을 피하기 위해서는 여러 행성을 이동하면서 살 수 있는 다행성종multi-planetary이 되어야 한다고 주장한다. 그러면서 첫 번째 마일스톤으로 '인류의 화성 이주'라는 목표를 세웠고, 스페이스X라는 기업을 통해 우주 사업을 공격적으로 추진하고 있다. 로켓 발사체를 재사용해 기존 위성 발사보다 낮은 가격에 상업용 위성을 궤도에 올렸으며, 최근에는 최초의 민간 유인 우주왕복선 발사에 성공했다. 2050년까지는 100만 명 규모의 화성 식민지 건설을 제시하고 있는데, 개인이 화성으로 가기 위해서는 약 6억 원(50만 달러)이 들 것이라고 구체적인 비용까지 추정했다.

머스크가 진행하는 스페이스X 사업에 대해 의문을 품는 사람들은 많다. 사업 초기에는 더욱더 그랬다. 전문가들조차 현실성 없는 공상 과학 소설이라며 맹비난했다. 하지만 머스크는 이같은 시장의 반응을 물음표에서 느낌표로 전환하고 있다.

머스크의 성공 비결은 무엇일까? 필자의 답은 '끈기'다. 아무리 뛰어난 아이디어와 그것을 실행할 수 있는 지적 능력이 있어도 중간에 포기하면 말짱 도루묵이다. 물질적 보상으로 는 한계가 있다. 인간의 욕심은 끝이 없기 때문이다. 끈기는 결국 '대의大義'에서 나온다. 머스크는 한 인터뷰에서 이런 얘기를 했다.

"돈이 저에게 중요한 적은 없었습니다. 제 관심사는 인류의 미래를 위한 문제를 푸는 것이었어요."

시대를 대표하는 창업의 아이콘인 일론 머스크의 대의는 지속 가능한 인류의 미래이다. 그는 누군가의 구세주가 되고 싶은 것은 아니며, 그저 인류의 미래를 생각했을 때 슬퍼하고 싶지 않아 노력 중인 것이라고 주장한다.

창업자의 삶은 겉으로는 화려해 보일 수 있지만 고난과 역경의 연속이다. 필자가 멘토로 삼은 창업자들은 '목숨 걸고' 사업을 한다고까지 말한다. 단호한 결의 없이는 버티기 어렵다. 이 단호한 결의는 창업자의 비전과 그 비전에 공감하는 팀원들의 믿음을 기반으로 한다. 일론 머스크가 걸어온 발자취는 리더가 품은 '대의'가 얼마나 중요한지를 잘 보여준다.

세상을 바꾸는 창업자 일론 머스크, 그의 원동력은 탁월한 끈기와 원대한 비전이다.

16

금융 조기 교육이
필요하다

세계적인 부자 중 유대인들이 많다. 우리가 알고 있는 대표적인 주식 부자로는 미국의 워런 버핏이 있는데, 그 역시 유대인이다. 투자의 귀재로 불리는 워런 버핏의 현금성 자산은 2024년 기준 약 400조 원에 달한다. 그는 주식투자로 천문학적인 부를 축적했는데, 재미있는 점은 그의 첫 투자 시점이 바로 초등학교 시절이었다는 사실이다.

유대인들은 13살에 성인식을 한다. 이때 어른들은 아이들에게 돈을 준다. 우리나라로 치면 한 번에 몇백만 원 정도를 주고 주식이든 어디든 투자하게끔 유도한다. 이를 통해 유년 시절부터 자본주의 개념을 배우고, 경제 관념을 세우기 시작한다. 메타의 마크 저커버그, 아마존의 제프 베조스 역시 유대인인데, 이처럼 유대인들이 세계 경제를 지배하는 것을 보면 그들의 금융교육 방식이 상당히 효과적임을 알 수 있다.

하지만 안타깝게도 한국에는 이런 문화가 아직 정착되어 있지 않다. 우리 국민에게 '자본주의'라는 단어는 부정적인 것으로 인식되는 경우가 많다. 자본(돈)에 대해 가르친다고 하면 부모들은 그런 쓸데없는 것 대신 학교 공부를 열심히 하라고 한다. 여러 이유가 있겠지만 조선시대 유교 문화의 영향이 아직도 많이 남아 있어서 그렇지 않나 싶다.

대한민국은 이제 선진국이다. 유엔무역개발회의UNCTAD는 우리나라의 지위를 선진국 그룹으로 변경했다. 미국 주간지 〈US 뉴스 & 월드 리포트US NEWS & WORLD REPORT〉가 발표한 '2024년 가장 강력한 국가' 순위에서는 한국이 6위에 올랐다. 주식시장의 시가총액 순위도 이미 세계 톱10 수준이다. 하지만 선진국이 되었다는 것이 마냥 좋은 소식만은 아니다. 경제 선진국들의 역사적 연평균 성장률은 2% 수준에 불과하다. 시장이 성숙한 만큼 성장의 속도도 더디다는 뜻이다.

우리 아이들이 살아갈 시대는 좋은 부동산을 하나 잘 깔고 앉아 있으면 노후 자산이 보장되는 세상이 아니다. 여러 유형의 금융 자산을 운용하고 관리할 수 있는 역량은 이제 선택이 아닌 필수다. 개인이 아닌 국가의 관점에서도 마찬가지다. 좋은 물건을 해외에 잘 파는 수준을 넘어 금융 자산을 효율적으로 굴릴 수 있는 국가가 되어야 비로소 진정한 의미의 선진국이라고 할 수 있다.

한국의 금융 이해력 점수는 다른 선진국들의 절반 수준이다. 미국 신용평가기관인 S&P는 한국의 금융 이해력 점수를 33점으로 측정했는데, 이는 독일(66점), 영국(67점) 대비 현저히 낮은 수치다. '금융 조기 교육'이 시급하다. 사회가 발전할수록 금융이 차지하는 비중은 더 커지기 마련이다. 금융 지식이 없으면 노후 준비가 어렵고, 피해를 볼 확률이 높아지는 구조다. 피할 수 없다면 생존 기술을 하루빨리 습득하는 게 맞다.

우리 아이들에게 보험의 원리를 가르치고, 신용카드 쓰는 법을 알려주자. 상품을 직접 만들어서 팔아 보거나 중고 거래를 통해 시장 경제의 흐름을 이해할 수 있도록 도와주자. 유대인들처럼 아이에게 목돈을 주고 주식투자를 하게끔 유도해 보는 것도 좋다. 그 대신, 아무 회사에 투자하는 것이 아니라 본인만의 명확한 '논리logic'를 세울 수 있도록 도와주고, 이를 기반으로 나름의 원칙을 세워 직접 투자까지 해 보는 교육을 진행해 보자. 크립토나 NFT와 같은 새로운 투자 자산에 대해서도 배타적인 자세를 취할 필요가 없다. 소액으로 직접 구매해 보면서 디지털 자산의 메커니즘을 자연스럽게 습득할 수 있도록 유도하는 것도 좋은 방법이다.

"부자는 하루아침에 만들어지는 것이 아니다"라는 말이 있다. 세계적인 부동산 재벌이자 미국의 대통령으로 재선에 성공한 도널드 트럼프는 "자녀에게 1달러의 가치를 알려주는 것이 식사보다 더 중요하다"라고 주장했다. 마이크로소프트의 창업주인 빌 게이츠의 아버지는 그가 물건을 살 때마다 관련 내용을 용돈 기입장에 기록하게 했고, 경제 신문에 나오는 사례들로 토론하는 등 금융 교육에 큰 노력을 들였다고 한다.

금융은 우리 사회의 근간이다. 챗GPT와 같은 AI가 천지를 개벽해도 이는 달라지지 않는다. 우리 아이들의 금융 교육, 더 이상 미루면 안 된다.

기술의 완성은 금융이다: 금융학을 추천하는 이유

필자는 학부 때 금융학을 공부했다. 이후에는 통계학 석사를 하고 글로벌 테크 기업에서 근무하며 디지털 기술에 대한 전문성을 쌓아갔지만, 학문적으로 가장 오랜 기간 공부한 분야는 바로 '금융finance'이다. 예일대학에서 MBA 과정까지 했으니 20대의 절반 이상을 금융학을 공부하는 데 쓴 셈이다.

그래서일까? 상당히 많은 학부모께서 금융학 전공의 장점에 대해 묻곤 한다. 그때마다 필자는 자신 있게 대답한다.

"아이가 한 분야에서 (컴퓨터공학, 예술, 바이오 관련 분야 등) 압도적으로 뛰어난 퍼포먼스를 보이면 그쪽을 밀어주는 게 맞지만, 그게 아니라면 금융학 전공을 강력하게 추천한다. 아직 무엇을 해야 할지 몰라 더 많은 옵션을 확보하고 싶은데, 숫자 감각이 뛰어나다면 공부해서 손해 볼 게 없다."

이유는 간단하다. 금융은 수천 년 동안 인류 역사에서 늘 핵심적인 역할을 해 왔기 때문이다. 사람이 있는 곳에는 반드시 금융이 있다. 우리는 태어나면 병원 원무과에 가서 결제하고, 죽을 때는 화장장에 가서 결제한다. 태어난 시점부터 인생을 마무리하는 시점까지 금융과 관련이 없는 순간은 존재하지 않는다.

기업들도 마찬가지다. 중소기업들은 은행에서 대출을 받아 사업에 필요한 돈을 보태고, 대기업들은 주식시장에서 회사의 지분을 팔아 자본금을 확보한다. 글로벌 기업도 마찬가지다.

상품과 서비스에는 시대별 흐름이 있다. 하지만 금융은 다르다. 변화무쌍한 트렌드 속에서도 금융의 가치는 불변한다. 예를 들어보자. 지난 40년을 살펴보면 우리는 PC의 시대를 거쳐 인터넷 시대로 넘어왔고, 인터넷 시대는 스마트폰의 등장과 함께 모바일 시대로 진화했다. 이런 흐름에 맞춰 1970~1980년대는 하드웨어Hardware가 강세를 보였고, 1990~2000년대에는 소프트웨어Software가 주도권을 잡았다. 2010년대부터는 모바일 플랫폼이 강세를 보였다. 그리고 결국 글로벌 시가총액 톱 10을 메타(이전 페이스북), 애플, 아마존, 넷플릭스, 구글, 테슬라와 같은 테크 공룡들이 장악하게 되었다.

흥미로운 점은 앞에서 언급한 6개 회사 모두 벤처캐피탈Venture Capital, VC이라는 모험 자본을 통해 성장했다는 것이다. 국내도 마찬가지다. '테슬라 1호 상장 요건'을 통해 코스닥 시장에 진출한 전자상거래 플랫폼 '카페24'와 핀테크의 새로운 지평을 열고 있는 '토스' 역시 VC 투자를 유치하며 사업 확장을 위한 기반을 마련할 수 있었다. 국내 최대 모바일 플랫폼 회사 중 하나인 '카카오'도 마찬가지다. 사업 초기 한국투자파트너스와 같은 벤처캐피탈 자본을 통해 성장의 기틀을 구축했다.

창업자들이 세상을 바꿀 수 있는 멋진 상품과 서비스를 기획했지만, 이를 완성한 것은 결국 금융이다.

신대륙을 발견한 콜럼버스도, 대량 생산 혁명에 성공한 포드 자동차도, 스마트폰을 개발한 스티브 잡스의 애플도 시작과

끝은 '금융'이라는 단어로 귀결된다. 기술의 중요성을 폄하하는 것이 아니다. 다만 금융이라는 것이 그만큼 영속적인 가치를 지니고 있으며, 이는 50년이나 100년 후에도 다를 바가 없음을 강조하고 싶은 것이다.

당연한 말이지만 금융학의 중요성은 자본주의 사회에서 더 부각될 수밖에 없다. 디지털 시대에도 예외는 없고, 더 나아가 'AI 시대Artificial Intelligence', '우주 시대New Space'가 되어도 마찬가지다. 금융이 곧 우리고, 우리가 곧 금융이다.

5장

코딩 교육,
이제 선택이 아니다

17

코딩, 디지털 시대
제2의 영어

앞서 언급했듯이 올해 미국 증시 시가 총액 톱10에 이름을 올린 회사들은 대부분 애플, 알파벳, 마이크로소프트, 아마존, 메타와 같은 글로벌 테크 회사들이다. 한국의 경우도 삼성전자, 네이버 등 테크 기업들이 톱10을 차지했다. 코로나19 이후 금리 상승 시점과 맞물리면서 잠시 주춤하는 듯 보였으나, 이들의 핵심 가치는 변하지 않았으며 시장 내 입지는 여전히 확고하다.

기업뿐만이 아니다. 4차 산업혁명 시대의 도래와 함께 전문직의 개념 또한 변하고 있다. 앞에서 언급했듯이 IBM의 AI 시스템 왓슨은 전문의보다 더 정확하게 암을 진단하는 데 성공했고, 《유엔미래보고서 2045》는 30년 후 입지가 흔들릴 가능성이 큰 직업 중 하나로 변호사를 꼽았다.

이렇듯 견고하다고 여겨져 왔던 경제와 노동의 축이 흔들리면서 세상이 급격히 변하고 있다. 변화의 중심에는 최근 미디어에서 자주 언급되는 AI나 빅데이터 등의 첨단 기술이 있는데, 이런 기술들을 뒷받침하는 것이 바로 소프트웨어다. 그리고 이처럼 우리 생활 곳곳에 깊숙이 자리 잡고 있는 모바일과 컴퓨터 소프트웨어들은 모두 규칙적인 '컴퓨터의 언어'로 구성되어 있다.

코딩은 이러한 '컴퓨터의 언어'로 프로그램을 만드는 것을 지칭하는 용어다. 따라서 디지털 시대의 영어라고 해도 과언이 아니다.

20세기에 영어는 개인으로서 갖춰야 할 핵심적 역량이었다. 영어를 할 줄 모르면 글로벌 리더가 될 수 없었고, 단순 취업에서조차 영어가 중요한 경우가 태반이었다. 4차 산업혁명이 진행되고 있는 디지털 시대에는 코딩 능력이 특정 분야의 리더가 되기 위한 필수 조건이 될 것이며, 더 나아가 코딩을 할 줄 모르는 사람들은 생존까지 위협받을 수 있다.

혹자는 AI가 보편화되면 코딩이 필요 없어진다고 주장하기도 한다. 하지만 필자의 의견은 다르다. AI가 코딩의 상당 부분을 자동화할 것이고, 결국에는 많은 인적 자원을 대체할 것이다. 하지만 AI를 이해하고 컨트롤하기 위해서는 코딩에 대한 지식이 필수적이다.

모든 사람이 코딩을 배워야 한다는 뜻은 아니다. 하지만 코딩을 이해하는 프로페셔널이 우리 사회에서 상위 1%가 될 확률이 높아지는 건 분명한 팩트다. 우리가 미국인과 소통하기 위해서는 영어가 필요하듯이, AI를 비롯한 소프트웨어와 커뮤니케이션하기 위해서는 코딩이 필요하다. 코딩을 모르면 AI를 소비하는 단순 사용자에 불과하지만, 코딩을 알면 AI를 컨트롤하는 설계자가 될 수 있다.

영어는 세계화 시대의 공통 언어다. 하지만 우리는 이제 새로운 시대에 살고 있다. 디지털 시대, 제2의 영어는 코딩이다.

그래서 코딩이란 무엇일까?

코딩은 사람의 언어를 컴퓨터의 언어로 변경해 입력하는 것을 말한다. 여러 가지 사전적 정의가 있지만, 코딩은 결국 컴퓨터에게 어떤 작업을 지시하는 행위이다.

컴퓨터의 세계에는 오직 '0'과 '1'만이 존재한다. '0'은 전기가 통하지 않는 상태, '1'은 전기가 통하는 상태를 나타낸다. 인류는 '0'과 '1'로 구성된 다양한 조합을 만들어 컴퓨터와 대화하기 시작했다. 하지만 이는 무척 실용적이지 못했고, 일반 사람들은 감당할 수 없을 정도로 그 절차가 매우 복잡했다.

그래서 점차 '컴퓨터 언어'가 개발되었다. 사람들은 이 언어를 통해 컴퓨터에게 보다 편리하고 효율적인 방법으로 명령을 지시할 수 있었다. 컴퓨터 언어는 인간의 언어와 매우 유사하다. 인류가 영어, 중국어, 스페인어 등 여러 언어를 사용하듯, 컴퓨터의 언어 역시 C, 파이썬, 자바, C++ 등 다양한 종류가 존재한다. 과거에는 C언어와 자바를 많이 사용했지만, 최근 몇 년 사이 파이썬이 빠른 속도로 성장하는 등 언어의 점유율은 매년 꾸준히 바뀌고 있다.

이 중 가장 많이 사용되는 언어들의 주요 특징을 정리하면 다음과 같다.

자바Java

제임스 고슬링James Gosling과 썬 마이크로시스템즈의 연구원들이 개발한 프로그래밍 언어다. 인도네시아 자바산 커피를 좋아하던 고슬링이 지은 이름이다. 자바 언어는 인터넷이 등장하면서 급성장하였다. 웹 애플리케이션Web Application 개발에서 가장 많이 사용되는 언어이고, 대규모 웹 서비스Web Service는 대부분 자바 기반이다. 모바일 서비스 사용이 증가하고 AI가 등장하면서 시장 점유율이 줄어들었지만, 여전히 활용도가 높은 언어 중 하나다.

C언어

1972년 켄 톰슨Ken Thompson과 데니스 리치Dennis Ritchie가 유닉스 운영체제에서 사용하기 위해 개발한 언어다. C언어는 로보틱스, 자율주행 자동차, 사물인터넷 등에서 널리 활용되고 있다. 가전제품 내부에서 제어하는 마이크로 컨트롤러에도 C언어가 사용된다. 실시간 이미지를 쉽게 다룰 수 있어 불량품 검사, 얼굴 인식 등에서도 활용도가 높다.

파이썬Python

네덜란드 출신 프로그래머 귀도 반 로섬Guido van Rossum이 1991년에 발표한 프로그래밍 언어다. 파이썬이라는 이름은 귀도 반 로섬이 좋아한 코미디 쇼 〈몬티 파이튼 비행 서커스Monty Python's Flying Circus〉에서 따왔다고 한다. 파이썬은 머신러닝, AI

분야에서 유용하게 활용되고 있는 언어다. 입문자도 비교적 쉽게 사용할 수 있을 만큼 직관적이고 간결하다.

SQL Structured Query Language

1970년대 초 IBM에서 개발한 데이터 관리용 프로그래밍 언어다. 공공기관, 학교, 기업 등은 대량의 정보를 관리할 수 있는 데이터베이스 시스템이 필요하다. SQL은 이런 데이터베이스 시스템상에서 데이터를 검색, 관리, 생성, 수정하는 목적으로 고안된 언어이다. 아마존 웹서비스AWS, Amazon Web Service와 같은 클라우드 환경에서도 활용도가 높다.

우리는 이 같은 컴퓨터의 언어를 통해 알파고와 같은 AI 소프트웨어를 만들고, 아마존 같은 전자 상거래 플랫폼을 운영하며, 삼성전자 갤럭시와 같은 스마트폰을 생산한다. 이외에도 사물인터넷, 가상현실, 무인 자동차, 로봇 등의 디지털 시대 핵심 기술 역시 코딩을 통해 만들어지는 산출물이라고 보면 된다.

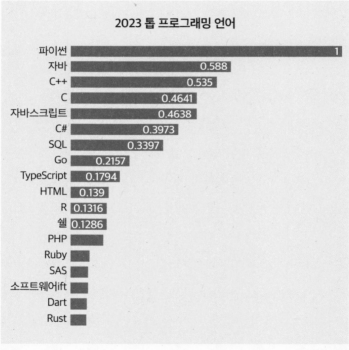

2023 톱 프로그래밍 언어

파이썬	1
자바	0.588
C++	0.535
C	0.4641
자바스크립트	0.4638
C#	0.3973
SQL	0.3397
Go	0.2157
TypeScript	0.1794
HTML	0.139
R	0.1316
쉘	0.1286
PHP	
Ruby	
SAS	
소프트웨어ift	
Dart	
Rust	

(출처: IEEE Spectrum)

코딩에 대한 이해도를 높이기 위해 조금 더 구체적인 예를 들어보겠다. 다음 코드Code를 살펴보자. 이는 독자의 이해를 돕기 위해 단순화하여 설명한 것이고, 실제 코드는 이보다 더 신경 써야 하는 것들이 많으니 참고만 하길 바란다.

```
if (Enter 키를 누르면)
{
        printf("김기영은 베스트셀러 작가야")
}
```

이 코드는 어떤 결과물을 만들어 낼까? 단순하다. 키보드에 있는 'Enter' 키를 누르면 "김기영은 베스트셀러 작가야"라는 결과물을 출력print할 것이다. 이 개념은 다음과 같이 응용될 수 있다.

```
if (인스타그램 앱에서 '사진 업로드' 버튼을 누르면)

{

          괄호 안에 있는 것을 실행(내 인스타그램에 사진
          이 올라가게 해줘)

}
```

이 코드는 인스타그램에서 사진 업로드 버튼을 누르면 사진
이 올라가게 하라는 명령을 전달한다. 이런 코드 몇천만 줄이
모이면 인스타그램이라는 모바일 앱이 탄생하는 것이다. 아마
존, 구글, 네이버도 마찬가지이며, 우리가 매일 사용하는 스마
트폰, TV와 같은 기계들도 이와 같은 코드를 통해 작동한다.

　이처럼 코딩이란, 컴퓨터가 이해할 수 있는 언어, 즉 코드를
사용해 컴퓨터에게 명령하는 작업을 말한다.

　참고로 스마트폰에 들어가는 간단한 게임 앱은 약 1만 줄
정도의 코드로 구성되어 있다. 페이스북에는 6,000만 줄 이상
의 코드가 들어간다. 미군이 사용하는 드론에는 약 350만 줄의

코드가 들어가고, 보잉 787에는 약 650만 줄, 안드로이드 운영체계에는 약 1,200만~1,500만 줄의 코드가 들어간다. 구글이 제공하는 서비스에는 약 20억 줄(Chrome 검색 엔진에는 약 670만 줄)의 코드가 사용되는 것으로 파악된다.

18

곧 다가올 미래,
코딩 교육의 수능화

"당신은 은행에서 근무하고 있다. 이 은행의 핵심 사업은 대출 업무다. 당사가 최적의 이자율을 찾을 수 있는 알고리즘을 만들어 보시오."

필자가 생각하는 미래의 대학입시 문제다. 학생들은 기업이나 국가기관에서 고민할 법한 문제들을 주어진 시간 안에 해결해야 한다. 기존의 수능처럼 지식을 암기해서 풀 수 있는 유형의 문제가 아니다. 프랑스의 대입 시험인 바칼로레아Baccalauréat처럼 객관식 대신 서술형으로 진행되며, 코딩 능력뿐 아니라 논리력과 창의력도 함께 평가한다.

머나먼 미래의 일처럼 들릴 수 있지만, 대한민국의 대입 시험에서도 코딩 문제를 비롯한 창의력 평가 문제가 본격적으로 등장하는 것은 시간 문제다.

2018년부터 소프트웨어 교육이 의무화되었다. 이에 따라 초등학생은 실과 과목을 통해 17시간 이상, 중학생들은 정보 과목을 통해 34시간 이상 소프트웨어 교육을 받아야 한다. 교육부가 발표한 자료에 따르면, 2025년부터는 정보 교육의 수업 시간의 수가 현재의 2배로 늘어나게 된다. 초등학교는 17시간에서 34시간으로, 중학교는 34시간에서 68시간 이상 편성될 예정이다. 소프트웨어 영재학급도 기존 40개에서 2025년 70개까지 늘릴 방침이고, 필수 이수 시간도 선진국 기준인 90시간 이상의 수준으로 올라갈 확률이 높다. 자연스럽게 학교 시험에서도 코딩 문제가 포함될 것이며, 이는 궁극적으로 대학 입시의 변화로 이어질 것이다.

고등 교육기관의 움직임도 주목할 필요가 있다. 고려대, KAIST, 한양대, 성균관대 등에서 소프트웨어 인재 전형을 신설했다. 그리고 서울대 경영학과, 중앙대 등이 필수 교양으로 코딩 과목을 신설했다. 수도권 대학의 디지털 분야 입학 정원이 8,000명가량 늘어날 것으로 전망된다. 초·중·고 교육은 결국 고등 교육기관의 결정에 직·간접적인 영향을 받을 수밖에 없다. 코딩의 수능 과목화를 예상하게 하는 대목이다.

실제로 2014년에 이미 미래창조과학부를 중심으로 '코딩 교육의 수능 과목화' 움직임이 있었다. 골자는 선택 과목인 소프트웨어를 일반 과목으로 격상시키고, 코딩 교육을 물리·화학·생물·지구과학 등 수능시험 과학 선택 과목에 새로 포함하자는 내용이었다. 학생들의 학업 부담 증가와 사교육 부채질 등의 문제를 우려한 교육부의 반대로 추진되지는 못했지만, 지금은 이야기가 다르다.

4차 산업혁명이라는 거친 파도 속에 코딩 교육의 중요성이 그 어느 때보다 부각하고 있다. 필자는 코딩 과목의 수능화에 대해 확신에 가까운 믿음이 있다. 단, 교육 당국이 공정성과 일관성이라는 명분하에 코딩 교육을 기존 수능의 형태 안에 그대로 넣어 버리는 과오를 저지르지 않기를 간절히 희망한다.

초·중·생 자녀를 둔 학부모라면 아이들의 교육 방향에 대해 다시 한번 진지한 고민이 필요하다. 과유불급이지만 시대에 발맞추어 일찍 코딩 교육을 시작하지 않으면 고등학교나 대학교 진학 시 코포자(코딩 포기자의 줄임말)가 되어 버릴 수 있다. 영어·수학과 마찬가지로 불필요한 선행 학습은 지양해야 하나,

기본기의 중요성은 코딩 및 소프트웨어 교육에도 똑같이 적용된다.

교육의 방법도 깐깐하게 선택해야 한다. 코드만 주구장창 외우는 전통적인 한국식 교육으로는 4차 산업형 인재가 되기 어렵다. 창의적인 사고와 문제 해결 능력에 초점을 맞춰 융합형 인재로 키워 나가야 한다.

소프트뱅크의 창업자인 손정의 회장은 "변화를 미리 준비하고 흐름을 파악하여 길목을 지키는 병법"의 중요성을 여러 차례 강조한 바 있다. 교육 역시 마찬가지다. 다가오는 변화를 받아들이고 선제적으로 준비하는 자세가 필요하다. 코딩 과목의 수능화, 그리 멀지 않았다.

19

코딩 교육은
어떻게 해야 하는가

필자가 처음으로 코딩을 접한 시기는 고등학교 때였다. 현업에서 가장 많이 쓰이는 프로그램 언어 중 하나인 자바부터 배우기 시작했다. 어려웠다.

단언컨대 고등학교에서 받은 모든 수업 중 가장 어려웠다. 필자는 수학, 과학을 잘하는 편이었다. 그럼에도 불구하고 코딩 수업만큼은 지금 생각해도 진저리가 날 정도로 힘들었다.

이는 필자만의 문제가 아니었다. 실제 많은 사람이 코딩 공부를 어려워한다. 문과와 이과를 불문하고 상당수의 학생이 자바나 C언어 등 컴퓨터공학 개론 수업만 듣고 코포자(코딩포기자)가 되어 버린다. 왜 이런 현상이 반복적으로 발생하는 것일까?

문제의 근원은 '기본기' 부족이다. 사람을 예로 들어보자. 아이들은 언어를 배울 때 먼저 소리를 들으며 사물을 보고 만져본다. 그런 훈련들이 반복되다 보면 자연스럽게 언어를 체화해 어느 순간 본인들의 생각을 말로 표현하게 된다. 그 후 다양한 교육 과정을 통해 말하는 것을 글로 옮기는 수준까지 이르게 된다.

컴퓨터의 언어 또한 마찬가지다. 먼저 보고 느끼는 것이 중요하다. 본인이 사용하는 컴퓨터의 언어가 무엇을 나타내는지 시각화visualize가 되어야 한다. 특히 컴퓨터의 세계는 인간에게 매우 낯선 영역이기 때문에 이러한 일련의 훈련 과정을 거치는 것이 더더욱 중요하다.

그럼에도 불구하고 전통적인 코딩 교육 프로그램은 이런 과정을 건너뛰고 자바나 C언어 등을 바로 시작한다. 이는 마치 지금 영어를 배우기 시작한 어린아이에게 《성문종합영어》 책을 던져 주고 주입식 교육을 하는 것과 비슷한 상황이다.

좀 더 구체적인 코딩 기본기 훈련 방법을 순서대로 설명해 보면 다음과 같다.

첫째, 스크래치와 같은 시각적인 블록 코딩을 통해 논리적인 사고력을 키운다.

둘째, 블록 코딩에서 텍스트 코딩으로 전환하여 간단한 프로젝트를 진행해 본다(단순한 게임 만들기, 웹사이트 제작 등).

셋째, 아두이노 등을 활용하여 코드가 하드웨어를 어떻게 작동하는지 실습한다.

국내에서는 특히 둘째의 중요성을 간과하는 경우가 많은데, 본격적인 프로그래밍을 배우기 전 꼭 시간을 할애하여 배워 볼 것을 추천한다. 둘째 과정을 충실하게 이행하면, 셋째 과정은 생략해도 큰 문제는 없다.

이런 과정들을 통해 기본기를 잘 쌓은 후에는 입문용 프로그래밍 언어로 C언어를 배우는 것이 좋다. 성인들의 경우 쓰임새가 많고 배우기 쉬운 파이썬이 무난할 수 있지만, C언어는 플랫폼 영향을 받지 않고 활용되는 유비쿼터스 언어Ubiquitous Language, 보편언어다. C언어에 대한 개념이 잘 잡히면 다른 프로그래밍 언어들은 비교적 쉽게 배울 수 있다.

물론 학생마다 개인차가 있기 때문에 어떤 이들은 필자가 언급한 기본 과정이 필요하지 않을 수 있다. 하지만 동서고금을 막론하고 최후의 승리는 기본에 충실한 사람의 몫이었다. 히딩크 감독이 2002년 월드컵에 앞서 진행한 훈련의 핵심도 결국은 체력 훈련이었고, 한국의 대표적인 프로듀서 박진영 역시 뛰어난 뮤지션의 필수 자질 중 하나로 탄탄한 기본기를 언급한 바 있다.

　　코포자의 문턱까지 갔던 유경험자의 입장에서 말하건대, 코딩 공부는 결코 만만치 않다. 잘못된 방식으로 어설프게 접근하면 죽도 밥도 안 될 수 있다.

초등학교 저학년 코딩 교육은
보드게임으로 시작하자

코딩은 논리력이다. 쉽게 생각해 보자. 코딩은 컴퓨터의 언어로 컴퓨터와 커뮤니케이션하는 행위다. 컴퓨터의 세상은 0과 1이 전부다. 불이 안 들어오면 0이고, 들어오면 1이다. 컴퓨터는 0과 1로 만들어진 집합체다. 논리도 마찬가지다. 결국 모든 것이 0과 1로 귀결된다. 있거나 없거나, 되거나 안 되거나 둘 중 하나다. 컴퓨터와의 대화는 결국 논리력이 핵심이라는 뜻이다.

그러면 좋은 코딩 교육은 어떤 것일까? 답은 단순하다. 논리력을 향상하는 훈련이 동반돼야 한다. 특히 초등학교 저학년 대상 교육은 더욱더 그러하다. 코드code를 쓰는 건 언제든지 배울 수 있지만, 생각하는 힘을 키우는 건 골든타임이 정해져 있다. 7~9세 시기를 암기식 코딩 교육으로 낭비하긴 너무 아깝다.

이때 필자의 추천은 '보드게임'이다.

보드게임은 간단한 물리적 도구로 놀이판board에서 진행하는 게임을 지칭한다. 우리가 잘 알고 있는 바둑, 부루마불, 젠가, 도미노와 같은 놀이도 보드게임이라는 카테고리에 속한다. 워낙 여러 종류의 놀이가 있고 놀이마다 나름의 특징들이 있지만, 보드게임을 잘하기 위해서는 기본적으로 탄탄한 '논리력'이 필요하다.

항저우 아시안게임의 정식 종목으로 채택된 체스를 예로 들어보자. 체스는 바둑과 같이 2명이 진행하는 보드게임이다. 과거 그리스의 장군이 전쟁에서 전술을 설명하기 위해 만들었다는 설화가 있을 만큼 고도의 전략을 요구하는 대표적인 마인드 스포츠다. 체스는 상대방의 왕king을 잡으면 이기는 게임인데, 이 과정에서 여러 말을 주어진 규칙 안에서 움직여야 한다. 총 64개의 칸 위에서 32개의 기물이 각기 다른 방향으로 움직이는 구조이다 보니 게임 중 발생할 수 있는 경우의 수가 무한에 가깝다.

결국 이 게임의 승자가 되기 위해서는 주어진 옵션들을 효율적으로 연산하고, 이 중에서 가장 승리의 확률이 높은 선택지를 '논리적'으로 판단할 수 있어야 한다. 체스와 같은 보드게임을 반복적으로 하는 것만으로도 논리력을 드라마틱하게 향상시킬 수 있다는 뜻이다.

빅테크 산업의 중심인 미국에서는 이미 보드게임을 통해 아이들에게 생각하는 힘을 길러주고, 이를 코딩 교육까지 연결하는 사례가 많다. 처음에는 블록코딩이 가장 스포트라이트를 많이 받았으나, 블록코딩으로만 이루어지는 단독 교육은 코딩에 대한 친숙함은 향상시켜 주지만 생각의 힘 자체를 길러주는 데는 한계가 있다.

2025년 시행되는 초·중·고교 코딩 교육 의무화로 인해 관련 시장의 열기가 뜨거워지고 있다. 앞서 언급했듯 정보 교육의 수업 시간의 수가 현재의 2배로 늘어나게 된다. 초등학교는 17시간에서 34시간으로, 중학교는 34시간에서 68시간 이상 편성될 예정이다. 소프트웨어 영재학급도 기존 40개에서 2025년 70개까지 늘릴 방침이고, 수도권 대학의 디지털 분야 입학 정원이 8,000명가량 늘어날 것으로 전망된다.

변화의 속도가 상당히 빠르다. 그럼에도 불구하고, 최선의 코딩 교육법에 대해서는 여전히 의견이 분분하다. 다수의 학부모는 국·영·수와 다르게 코딩에 대한 직접적인 경험이 없다 보니 교육의 방향성을 쉽게 잡지 못한다.

그럴 때일수록 그 교육이 추구하는 본질적인 가치가 무엇인지에 대해서 생각해 봐야 한다. 코딩은 결국 논리력이다. 생각하는 힘이 먼저라는 뜻이다. 특히 제한적인 '지적 수용 공간intellectual capacity'을 가진 초등학교 저학년에게 코드부터 들이미는 교육은 상당히 위험하다. 그런 맥락에서 보드게임은 초등학교 저학년들의 코딩 입문 교육으로 매우 훌륭한 선택지가 될 수 있다.

20

국내 명문대학교 소프트웨어 관련 학과, 어떻게 입학할 수 있을까?

초·중·고 디지털 교육이 강화되고 있다. 컴퓨터 소프트웨어에 대한 기초 지식이 미래 사회에는 누구에게나 필요하다는 교육부의 방침에 따른 것으로 생각할 수 있다. 이와 같은 흐름은 대학 교육에도 반영되었고, 소프트웨어 중심 대학 사업 등의 이름으로 소프트웨어 관련 학과에 물적·인적 지원을 지속하고 있다. 최근에는 연세대, 고려대 등이 '소프트웨어 중심 대학 사업'에 선정되었다.

이와 같은 흐름에 따라 소프트웨어 특기자 전형에도 많은 관심이 몰리고 있다. 소프트웨어 특기자 전형이란 소프트웨어 관련 분야에서 특별한 재능이나 특기를 가지고 있는 학생을 뽑는 수시전형이다. 앱 개발, 논문 발표, 경시 대회 수상 경력 등 소프트웨어 관련 활동 레코드가 있는 학생들을 대상으로 한다. 한양대, 국민대 등에서 소프트웨어 특기자 전형으로 신입생을 선발하고 있다.

이 전형의 핵심은 소프트웨어 관련 '활동 증빙 자료'다. 미대나 음대 지원자들의 포트폴리오와 비슷한 개념이다. 소프트웨어와 관련하여 본인이 어떤 활동을 했는지 일목요연하게 정리한 활동 증빙 자료가 중요하다. 자료의 신뢰성을 올리기 위해서는 초등학교나 중학교 때부터 꾸준히 관련 활동들을 축적하는 것이 좋다. 올림피아드나 경시대회 성적의 중요도는 줄어드는 추세다. 수상 실적보다는 자신만의 스토리를 바탕으로 교내·외 활동을 통해 증진한 소프트웨어 역량을 보여줄 수 있는 포트폴리오가 핵심적인 역할을 할 것으로 전망된다.

국민대, 동국대, 한국외대의 경우 인터뷰가 차지하는 비중이 상당히 높다. 면접을 진행할 경우 "저는 소프트웨어 동아리를 했어요"와 같은 일차원적 답변은 금물이다. 동아리 활동을 통해 어떤 프로젝트를 진행했고, 어떤 결과물(포트폴리오)을 만들었는지 구체적으로 설명할 수 있어야 한다. 더불어 제출 서류를 기반으로 지원 동기, 전공에 대한 관심 등을 확인하니 이에 대한 답변도 준비해야 한다.

소프트웨어 특기자 전형뿐만 아니라 소프트웨어 인재 전형도 주목해 보자. 소프트웨어 인재 전형은 학생부 종합 전형 형태인데, 특기자 전형과 달리 입상 실적과 활동 증빙 자료 대신 학생부를 바탕으로 정성적 평가가 이루어진다. 해당 전형은 특별한 지원 자격을 요구하지 않는다. 대부분의 대학은 '소프트웨어 관련 분야에 잠재력과 재능을 가진 학생' 정도로 자격을 명시한다. 학교생활에서 꾸준히 소프트웨어 관련 활동에 참여했거나 소프트웨어 관련 교과 성적이 우수한 학생이라면 소프트웨어 인재 전형에 지원해 볼 수 있다. 참고로 소프트웨어 인재 전형에는 수능 최저 학력 기준이 적용되지 않는다.

결국 학생부 종합 전형은 생활기록부, 자기소개서, 면접을 통해서 고등학교 3년 학교생활만을 평가하는 전형이다. 사교육 유발 요인을 억제하기 위해 외부 수상, 교육, 활동 등은 평가 대상에서 제외되었고, 동시에 생활기록부 항목도 축소되고 있다. 이와 같은 상황에서 우리 학생들은 자신의 역량을 보여줄 수 있는 교내 활동 기회를 학생 스스로 찾아야 한다. 실제로 근래에는 학교 차원에서도 소프트웨어 경진대회, 관련 동아리, 프로젝트 등의 여러 가지 교내 활동을 적극적으로 진행하고 있다.

하지만 소프트웨어 경험, 지식, 역량이 없는 학생이 학교 내의 여러 기회를 인지하고 잡을 수 있을까? 높은 성적을 받고, 출석을 열심히 하고, 전공 관련 활동을 하는 것은 입시를 준비하는 학생들에게는 너무나도 기본적이다. 하지만 그 속에서 남들과 차별화되는 자신만의 강점을 만드는 방법이 소프트웨어가 될 수도 있다. 그 기회를 잡기 위해서는 고등학교에 입학하기 전부터 소프트웨어에 대한 다양한 경험과 학습을 해야 할 것이다.

해마다 세부 사항은 조금씩 달라지지만 2018년부터 2023년까지 소프트웨어 관련 전형들에 대한 '큰 틀'은 변하지 않은 것 같다. 핵심은 차별화된 지원 동기와 이를 뒷받침할 만한 탄탄한 활동 증빙 자료(포트폴리오)다.

이런 조건에 부합하는 경쟁력 있는 지원자가 되기 위해서는 '절대적인 시간'이 필요하다. 생각해 보자. 고3 때부터 준비한 지원자의 진정성과 초3부터 한 우물을 판 지원자의 진정성은 깊이가 다를 수밖에 없다. 철저하게 입시의 관점에서 소프트웨어 관련 전형을 노린다면, 초등학교 혹은 중학교 때부터 지속적인 훈련을 받을 것을 추천한다. 활동 증빙 자료뿐만 아니라 고급 소프트웨어 인재에게 요구되는 논리력, 컴퓨팅 사고력, 창의성 등을 꾸준히 개발해야 한다.

국내 대학의 소프트웨어 관련 전형들은 계속 증가할 수밖에 없다. 디지털 산업은 폭발적으로 성장하고 있지만 인력의 공급이 시장의 수요를 쫓아가지 못하고 있기 때문이다. 정부, 기업, 대학 기관들 사이에는 이미 공감대 형성이 이루어져 있다. 속도와 시간의 문제일 뿐이다. 이 같은 사회의 구조적 변화는 우리 아이들에게 무척이나 좋은 기회다.

손자는 "적을 알고 나를 알면 백전백승"이라고 말했다. 소프트웨어 교육 또한 마찬가지다. 정확히 알고, 제대로 준비하자.

해외 명문대 컴퓨터공학과
어드미션_{admission, 입학} 팁

미국에서 가장 인기 있고 입학 경쟁이 치열한 전공이 무엇이냐고 물어본다면, 필자는 자신 있게 컴퓨터공학이라고 답할 것이다. 이미 컴퓨터공학 관련 직종이 유망하다는 것은 검증되었으며, 실제로 많은 학생이 컴퓨터공학과에 진학하고자 한다. MIT의 신입생 입학 자료에 따르면 2만 1,000명의 지원자 중 6.6%인 1,400여 명 정도만이 입학 허가를 받는다.

그렇다면 스탠퍼드대학_{Stanford University}, 카네기멜론대학_{Carnegie Mellon University}, 캘리포니아 공과대학_{Caltech} 등 컴퓨터공학 최상위 대학에 입학할 수 있는 비결이 무엇일까?

기본적으로 탄탄한 SAT(미국 수능) 점수와 GPA(학교 내신)가 뒷받침되어야 한다. 하지만 명문대 컴퓨터공학과 지원자들 대부분은 이미 특정 수준 이상의 SAT와 GPA 점수를 가지고 있으므로 단순히 높은 SAT 점수와 GPA가 합격을 보장하지는 않는다. 따라서 다른 지원자들과 차별화되는, 본인을 어필할 수 있는 무언가가 필요하다. 필자가 정리한 차별화 포인트는 다음과 같다.

첫째, 다양한 활동들을 경험해 보는 것이 중요하다.

예컨대 미국에는 초·중·고 유학생들이 참가할 수 있는 경진대회가 많다. 스타트업 경진대회, 로봇 경진대회 등 다양한 선택지가 있으며, 주마다 각기 다른 경진대회를 주최하기 때문에 학생들이 선택할 수 있는 폭이 상당히 넓다. 경진대회에 참가해서 입상까지 한다면 금상첨화지만, 꾸준히 도전하는 것만으로도 원서 준비에 도움이 된다.

또한 본인이 진학을 원하는 대학에서 컴퓨터공학 교수가 지도하는 수업을 들어보거나 리서치 활동을 해 보는 것도 차별점이 될 수 있다. 미국 대학들은 매년 여름방학 기간에 고등학생들이 대학 수업을 미리 들어볼 수 있도록 수업을 개설한다. 방학 기간에 수업을 듣고 담당 수업 교수에게 추천서를 받거나, 리서치를 함께 진행할 수 있다면, 이는 대학 입학에 상당한 메리트로 작용할 것이다.

쉽지 않겠지만 가능하다면 컴퓨터공학 관련 회사에서 인턴십도 경험해 보자. 일부 회사들은 어린 학생들에게도 인턴십 기회를 제공하는 프로그램을 운영한다. 작은 스타트업뿐만 아니라 마이크로소프트와 같은 대기업에서도 'High School Internship Programs(고등학교 인턴십 프로그램)'을 진행하고 있다.

둘째, 수학적 · 논리적 사고력이 뒷받침되어야 한다.

수학적 · 논리적 사고력은 컴퓨터공학과에서 매우 중요하게 생각하는 요소다. 이 같은 역량은 한순간에 갑자기 생길 수 없다. 따라서 어릴 때부터 이 부분을 키워 줄 수 있는 환경을 만들어 주는 것이 필요하다. 교내 외에서 수학 및 과학 관련 수업을 들어보고, 수학 동아리Math Club와 같은 활동을 꾸준히 하는 것이 좋다.

퍼트남Putnam 같은 수학이나 과학 경진대회 참가 또는 입상 경력 또한 대학에서 지원자에게 높은 점수를 주는 항목이다. 실제로 아이비리그나 최상위 컴퓨터공학과에 진학한 학생들은 이 같은 스펙을 가지고 있는 경우가 상당히 많다.

하지만 결국 중요한 점은 두 가지 차별화 요소들을 잘 정리해서 포트폴리오로 보여주어야 한다는 것이다. 아무리 관련 경험이 많고 실력이 있다고 한들, 입학 담당관이 내용을 확인하지 못한다면 의미가 없다. 준비된 포트폴리오 내에서도 내가 왜 컴퓨터공학을 배우고 싶은지, 왜 이 대학에 진학하고 싶은지 등을 스토리텔링식으로 전달하면 좋은 결과가 있을 것이라고 확신한다.

상식적으로 생각해 보자. 당신이 입학 담당자이고, 두 명의 지원자가 있다. A는 초등학교와 중학교부터 다양한 활동 경험을 포트폴리오로 잘 준비한 학생이고, B는 고등학교 2학년 때부터 활동 증빙자료를 준비한 학생이다. 당신이라면 누구에게 좀 더 높은 점수를 줄 것인가?

답은 명확하다. 독자가 만약 해외 대학 진학을 준비 중인 아이의 학부모라면, 지금부터라도 아이의 포트폴리오가 쌓일 수 있도록 도와주어야 한다.

앞에서도 여러 번 언급했듯 시대의 흐름이 생각보다 더 빨리 변하고 있다. 컴퓨터공학은 디지털 시대의 핵심 키워드다. 아이들의 미래를 위한 부모의 과감한 결단력과 선제 대응이 그 어느 때보다 중요하다. 늦었다고 생각할 때는 정말 늦었다.

6장

새로운 학교도
고민해 보자

21

대한민국 공교육의 한계: 학교의 공간과 창의성

　　대한민국의 학교는 놀라울 정도로 군대와 공통점이 많다. 가운데 운동장(연병장)을 중심으로 3~4층짜리의 네모난 건물들이 들어서 있다. 복도는 일자형이다. 구조가 단순해서 통제·감시하기에 상당히 편리하다. 운동장(연병장)은 주로 축구를 좋아하는 학생(군인)들이 독점한다. 소극적인 친구들은 사용하기 쉽지 않다. 학교 교실은 군대 내무반과 같이 동일한 모양과 크기로 구성되어 있다. '2학년 6반'과 같은 표지판이 없으면 각각의 교실을 구분하기 어렵다.

허락받지 못한 시간에는 외부로 이동할 수 없다. 학교에서는 학생주임 선생님이 학생의 이동을, 군대에서는 위병들이 병력의 이동을 통제한다.

조금만 더 얘기해 보자. 우리 아이들과 군인들은 모두 같은 음식을 먹고 같은 옷을 입는다. 이런 환경에서 창의력은 크게 요구되지 않는다. 필자도 경험했지만, 입대 후 군복을 입는 순간부터 옆에 있는 동기들과 다른 행동을 하지 말자는 생각을 자연스럽게 했다.

물론 군대라는 조직의 특성을 고려하면 이와 같은 현상을 쉽게 납득할 수 있다. 전쟁터에서는 '창의'라는 단어를 배제해야 하기 때문이다. 지휘관들에게는 자유로운 사고가 필요하겠지만, 그들을 따르는 예하 병사들에게는 명령을 정확하게 실행하는 행위가 더욱 중요하다.

하지만 학교는 다르다. 학교는 자유롭게 사고하면서, 서로의 다름과 다양성을 인정하고 존중해 주는 방법을 배워야 하는 공간이다. 특히 이러한 역량은 정보의 홍수로 인해 '지식의 습득'보다 '창의적 문제 해결 능력'이 훨씬 더 중요한 디지털 시대에 꼭 필요한 스킬skill이다.

대한민국의 아이들은 자아가 형성되는 12년이라는 소중한 시간을 '창의력'이 배제된 공간에서 살고 있다. 사회는 빠르게 디지털화하고 있음에도 불구하고 교실의 풍경은 50년 전과 다를 바 없다. 다양한 시도가 이루어지고 있지만, 수십 명의 학생들은 여전히 선생님과 칠판만을 바라보고 있고, 일방향적 주입식 교육과 평가는 여전하다. 이런 환경 속에서 제2의 스티브 잡스, 제2의 마크 저커버그가 나오기를 기대하는 것은 모순이다.

우리 정부는 '창의적 인재'를 강조하며 창업 활성화를 정책의 최우선 순위에 두고 있다. 고용 창출에 직접적 효과가 있고, 4차 산업혁명의 신산업 육성에도 기여하는 바가 크기 때문이다. 2018년 국내 벤처투자는 3조 원을 돌파했다. 역대 최대 규모의 금액이다.

그럼에도 불구하고 대다수의 대한민국 청년은 '혁신'보다는 '안정'을 추구한다. 한국의 공무원 시험 합격률은 2.4%로 하버드대학의 입학률인 4.6%보다도 낮다. 교도소 같은 공간에서 12년을 보낸 우리 아이들이 '도전'과 '다양성'을 두려워하는 것은 어찌 보면 당연한 현상이다.

"창의성을 말하는 회사가 있고, 공간으로 보여주는 회사가 있습니다."

필자가 인상 깊게 본 광고 카피다. 교육도 마찬가지다. 창의성을 말로만 하지 말고 공간으로 보여줘야 한다.

22

외국인학교, 국제학교는 어떨까?

　　　　　　　　대한민국 공교육의 신뢰가 무너지고 있다. 통계청과 교육부가 진행한 조사에 따르면 2023년 사교육비 총액은 약 27조 원으로 2017년 18조 6,000억 원보다 무려 45%가량 증가했다. 학생 수는 지속적으로 감소하고 있음에도 불구하고, 사교육비 지출은 더 커지고 있다. 몇 년 전 선풍적인 인기를 끌었던 드라마 〈스카이캐슬〉은 그러한 상황을 잘 보여준다. 대중에게 사랑받은 작품들은 시대의 트렌드를 그대로 반영하는데 〈스카이캐슬〉의 흥행은 공교육에 대한 불신을 방증한다.

공교육에 대한 불만족은 국제학교, 대안학교 등 일반 학교의 틀을 벗어난 교육에 대한 관심으로 이어지고 있다. 국내에서 학력을 인정받는 인가형 국제학교나 외국인학교 재학생 수는 지난 4년 사이 1,000명 이상 늘었고, 공식 집계가 어려운 미인가 국제학교 재학생을 포함한다면 그 숫자는 더 커지게 된다.

공교육 시스템은 쉽게 바뀔 수 없다. 변화는 점진적으로 이루어질 확률이 높고 상당한 시간이 소요될 것이다. 지금 당장 우리 아이에게 맞는 1% 교육을 원한다면 외국인학교와 국제학교는 좋은 옵션으로 합리적인 선택으로 볼 수 있다.

다만, 외국인학교는 말 그대로 한국 내 거주하는 외국인을 위한 학교이기에 입학 조건이 까다롭다. 부모 중 적어도 한 명이 외국인이거나, 실제 체류일 기준으로 3년 이상 해외에 거주한 사실을 증명할 수 있어야 한다. 최근에는 해당 조건을 3년에서 5년으로 강화하는 법안도 발의됐다. 법안에는 외국인학교에 입학 가능한 내국인 수를 학생 정원의 30%에서 50%로 늘리는 내용도 포함되었다.

한국에서 운영 중인 대표적인 외국인학교로는 '서울국제학교SIS' '서울외국인학교SFS' '한국외국인학교KIS'를 꼽을 수 있다. 세 학교 모두 수도권에 위치하고 있어 접근성이 좋다. 기본적으로 미국식 커리큘럼을 지향하는데, 아이비리그를 포함한 미국 명문대 입학생을 매년 꾸준히 배출하고 있다.

필자는 미국 사립고등학교 출신이지만 개인적으로 대학 진학의 관점만 놓고 보면 국내 외국인학교가 더 뛰어난 부분이 많다고 생각한다. 좋은 환경에서 좋은 교육을 제공하니 입학 수요가 많다. 한국인 쿼터는 기본적으로 꽉 찬다고 보면 되는데, 웨이팅을 걸어 놔도 잘 풀리지 않는다. 입학을 위해서는 영어, 수학 성적이 핵심적이고 고학년일수록 교과목 점수도 중요하다. '성품'도 많이 보기 때문에 추천서의 비중도 작지 않다.

외국인학교 입학 조건을 충족하지 못한 아이들에게는 내국인 입학에 상대적으로 관대한 국제학교라는 방안이 있다.

국제학교는 초중등교육법에서 구분되는 학교의 유형에 포함되지 않는, '외국 교육기관'으로 외국 교육기관 특별법이나 제주특별법 등에 의해 설립된 학교다. 외국 교육기관이란 주로 외국 학교법인이 법에 따라 우리나라에 설립한 분교를 의미한다. 해외 유학을 가지 않고도 국내에서 외국 교육 시스템을 접할 수 있다는 점, 차후에 외국 대학 진학에 수월하다는 점 등으로 인해 외국인학교와 마찬가지로 국제학교를 고려하는 추세가 나날이 갈수록 증가하고 있다. 다만 외국인학교와 달리 국제학교의 경우 해외 거주 경험이 없어도 입학이 가능하다는 큰 차이점이 있다.

한국 국제학교의 메카는 제주도와 인천 송도다. 특히 제주도의 영어교육 도시에는 노스런던컬리지잇스쿨NLCS, 브랭섬홀아시아BHA, 세인트존스베리아카데미SJA와 같은 좋은 국제학교들이 많이 모여 있다. 지난 2014년부터 2024년까지 이 3개 학교의 졸업생 중 90% 이상이 세계 100대 대학에 입학한 것으로 알려져 있다.

제주도의 장점 중 하나는 교육 인프라다. 미국의 사립형 기숙학교처럼 친자연적인 환경 속에서 아이들이 성장할 수 있다. 스포츠 공간도 충분하다. 해양 레저뿐만 아니라 승마장, 골프장 등을 활용하여 고급 스포츠 문화를 접할 수 있다.

제주국제자유도시개발센터JDC가 발표한 통계에 따르면 앞서 언급한 3개 학교의 2023년 입학 경쟁률은 약 4 대 1 수준인 것으로 파악된다. 10년 전에는 약 0.67 대 1이었다는 점을 감안하면 매우 가파른 성장세다.

한국의 부모들은 영민하다. 자녀를 위해 좋은 교육을 찾아가는 능력이 탁월하다. 그래서 외국인학교와 국제학교에 대한 관심이 그리 놀랍지는 않다. 이런 트렌드는 앞으로 더 가속화될 것으로 보인다. 앞서 언급했듯 한국의 공교육은 시대의 흐름을 쫓아가지 못하고 있다. 발전을 위해 노력하고는 있지만 갈 길이 너무 멀다. 부모로서 마냥 기다릴 수만은 없는 노릇이다.

외국인학교와 국제학교의 까다로운 입학 조건과 수천만 원에 달하는 높은 등록금은 무척 부담스러운 장벽이다. 하지만 그만큼 장점도 명확하다. 이들은 창의력과 글로벌 감각이라는 두 마리 토끼를 한 번에 잡을 수 있는 교육 '공간'을 제공한다. 1% 교육을 위해 반드시 고민해 봐야 하는 토픽이다.

23

국내 대안학교도
좋은 대안이다

        대안학교는 일반적인 정규 교육이 아닌, 학생 참여 중심 교육과 현장 실습 및 체험 등의 다양한 교육을 실시하는 학교다. 물론 대안학교를 '문제아 학교'로 바라보는 시선이 존재하는 것은 사실이다. 그러나 이는 일부일 뿐, 찾아보면 많은 대안학교가 학생 개개인의 특성을 반영한 자유로운 교육 환경을 제공하려고 노력한다.

        대안학교는 국가에 인가를 받아 학력이 인정되는 경우와 그렇지 않은 경우가 있다.

인가 대안학교의 경우 졸업 후 정식 학력으로 인정받을 수 있다. 그러나 기본 교육 과정을 이수해야 하기 때문에 대안학교 특유의 자율성이 떨어질 수도 있다.

비인가 대안학교의 경우 기존 시스템에서 완전히 독립되어 학교만의 독창적, 창의적인 교육 시스템을 운영할 수 있다. 그러나 정식 교육 과정으로 인정되지 않기에 정부의 지원이 없어 학비가 비싼 편이고, 검정고시를 응시해야만 학력을 인증받을 수 있다.

대안교육을 경험한 이들이 공통적으로 꼽는 장점은 "틀에 박힌 생각에서 벗어날 수 있다는 것"이다. 상대적으로 유연한 커리큘럼과 교육 환경 속에서 학생들은 스스로의 삶을 주체적으로 결정한다. 이는 필자가 여러 번 강조한 디지털 시대의 핵심 역량인 '창의성'과 연결된다. 대안학교를 일반 학교에 적응하지 못한 아이들이 모이는 교육기관으로 인식하는 경우가 많지만, 대부분의 대안학교는 학생들과 교사가 자유로운 교육 환경을 만들기 위해 노력하는 곳이다.

충남 서산시에 위치한 샨티학교를 예로 들어보자. 샨티학교는 스스로를 "여행으로 성장하며 대안적 진로를 찾는 인생 학교"라고 정의한다. 이 학교에서는 학생들이 교사들과 함께 인도, 동남아, 네팔 등으로 약 40~50일간의 장기 여행을 떠난다. 여행 중에는 한글 교육 봉사, 순례길 탐방과 같은 특별한 활동들을 진행한다.

학기 중에는 일반 학교에서는 접하기 어려운 수업들이 진행된다. 대표적으로는 '농사 수업'이라는 과목이 있다. 직접 땅을 갈고 채소를 심어 재배하는 수업이다. 지역 농부가 직접 학교에서 수업을 진행하고, 학생들은 농사와 관련된 여러 가지 기법과 원리를 배운다. 학교 안에 있는 효소 공장에는 야생화를 모아 효소를 만들고 보관하는 작업장이 있다. '공학 기초'라는 과목은 실생활에 사용되는 물품을 분해하며 기술을 배우고, 습득한 기술을 통해 새로운 물건을 직접 만들어 본다. 학생들은 학습한 노동 기술을 통해 학교 내 시설들을 직접 수리해 보는 실전 과정까지 거친다.

이외에도 미술 치료와 사회 수업 등이 있는데 대부분의 과정은 토론식으로 진행된다. 예를 들어 미술 치료 시간에는 학생들이 서로의 작품에 대해 피드백을 공유하고, 사회 시간에는 시사 잡지로 사회 문제를 보면서 의견을 교환하고 토론한다.

대안학교는 특성에 따라 여러 종류로 나눌 수 있다. '샨티학교'뿐만 아니라, 탐색과 자율권을 중시하는 '이우학교', 철학 및 인문학을 중심으로 하는 '지혜학교', 독일의 발도르프 교육을 바탕으로 하는 '푸른숲발도르프학교', 그리고 마지막으로 게임 개발 및 미디어 문화예술을 교육하는 '푸른나무미디어스쿨' 등도 흥미로운 교육적 관점을 제시했다. 이렇듯 이미 한국에는 교육 수요를 충족할 수 있는 다양한 대안학교들이 존재한다. 다만 섣부른 판단은 금물이다.

대안학교 선택 시 꼭 확인해야 하는 사항이 몇 가지 있다.

첫째, 운영하는 기관 및 대표자의 평판을 철저하게 조사해야 한다.
민간에서 운영하는 만큼 리스크가 더 크기 때문이다.

둘째, 비용을 감당할 수 있는지 냉철하게 판단해야 한다.
대안학교는 일반 고등학교보다 가격이 높은 편이며, 국제학교의 경우 연간 비용이 5,000만 원을 넘는 곳도 있다(물론 앞에서 언급한 샨티학교, 이우학교처럼 연비용 500만 원선에서 교육받을 수 있는 기관들도 존재한다).

셋째, 대안학교를 보내는 목적이 명확한지 살펴봐야 한다.
부모와 아이가 원하는 5~10년 후 모습을 그려 보고, 그 모습에 가까워지기 위해서 대안학교 교육이 더 실용적인지 판단해라. 명확한 계획과 목적이 없다면 대안학교의 주체적이며 자유로운 교육은 아이에게 오히려 독이 될 수 있다. 자유에는 스스로 결정해야 한다는 책임이 따른다.

"최후까지 살아남는 종은 가장 힘이 세거나 영리한 종이 아니라, 변화에 가장 잘 적응하는 종이다."

세계적인 과학자이자 철학자인 찰스 다윈의 말이다.

지금은 창의력의 시대다. 천편일률적인 주입식 공교육 체계는 창의적인 사고를 기르는 데 그 한계를 드러내고 있다. 창의력은 자기 주도적인 사고에서 나오고, 아이들의 사고는 교육의 산물이다. 주체적인 삶의 태도를 기를 수 있는 대안학교의 교육 방식은 공교육의 좋은 대안이 될 수 있다.

24

홈스쿨링은 공교육을
대체할 수 있다

　　　　　　　　과연 홈스쿨링은 기존 공교육의 대체
제가 될 수 있을까? 결론부터 말하면 필자의 답은 YES다. 이유
는 다음과 같다.

첫째, 홈스쿨링은 자기 주도 학습이 가능하다.

학생들은 저마다 다른 재능과 역량을 가지고 태어난다. 그
럼에도 불구하고 우리는 아직 2차 산업 시대의 교실 모델인
'One Size Fits All(모두에게 적합한)' 시스템을 고수하고 있다.

평균 수준의 학생에 맞춰 교육이 진행되다 보니 역량이 조금 부족한 학생들은 수업 내용을 이해하기 어렵고, 역량이 뛰어난 학생들은 수업이 지루해진다. 이런 문제를 해결하기 위해서는 학생들이 학습 속도를 직접 조절할 수 있어야 한다. 자기 주도형 교육이 필요하다는 뜻이다.

꽤 최근까지 홈스쿨링은 주로 부모의 주도하에 교육이 이루어졌다. 하지만 에듀테크EduTech의 발전 덕분에 온라인 기반의 자기 주도형 학습을 하는 학생들이 많아졌다.

'K12'라는 미국 온라인 교육업체의 경우 인터넷 접속이 가능한 환경이라면 학생들이 선생님의 도움 없이 언제 어디서든 자기 주도적으로 학습할 수 있는 환경을 구현했다. 온라인 콘텐츠를 보고 따라가는 것만으로도 충분하지만, 혹시 아이가 학습 도중 막히는 부분이 있을 경우 전화 상담 등을 통해서 빠르게 문제를 해결해 준다.

K12에서 제공하는 커리큘럼보다 더 고급 과정을 원한다면 대학 기관이 제공하는 MOOCMassive Open Online Courses(무료 온라인 공개 수업)를 활용할 수 있다. 이를 통해 학생들은 본인의 학습 속도를 능동적으로 조절한다. 학업 능력이 뛰어난 학생들은 더 빠르게 많은 콘텐츠를 흡수할 수 있다. 역량이 조금 부족한 아이들은 스스로 주변 학우들과 비교하면서 "역시 나는 안

돼"와 같은 패배 의식을 느낄 필요가 없다. 각자의 스타일에 맞추어 개별적으로 학습을 진행하면 되기 때문이다. 자연스럽게 교육 효과는 올라가고 낙오자는 줄어든다.

둘째, 홈스쿨링을 통해서도 '사회적 스킬social skill'을 습득할 수 있다.

혹자는 아이들이 공교육을 받지 않으면 사회 적응 능력이 떨어지는 게 아니냐고 주장한다. 그들은 학교라는 사회의 축소판을 통해 미리 조직 생활을 경험하는 것이 좋다고 말한다.

하지만 필자는 동의할 수 없다. 이제는 취업이 아니라 창직의 시대가 올 것이기 때문이다. 우리 아이들이 살아갈 세상은 디지털 기술을 기반으로 하는 '긱 이코노미Gig Economy'가 확대되면서 프리랜서 경제 시장이 빠르게 확장될 것이다. 유연성과 자유로움을 갖춘 근무 형태로 변화하는 동시에 2~3개의 커리어를 가질 수 있는 구조로 진화할 것이다.

회사와 같은 울타리 안에 갇혀 동료들과 치열하게 경쟁하는 구조는 구시대의 유물이 될 확률이 높다. 전통적인 학교의 모델은 Z세대 아이들의 사회성을 높이는 데 별로 도움이 안 된다는 뜻이다. 오히려 독립적으로 학습하며 학교 밖에서 다양한 연령대의 사람들과 자유롭게 교류할 수 있는 홈스쿨러들이 새로운 시대에 더 적합한 '사회적 스킬'을 배울 수 있다고 본다.

'사회적 스킬'의 중요한 요소 중 하나인 커뮤니케이션 능력도 마찬가지다. 홈스쿨링의 교육은 공교육과 비교해도 부족함이 없다. 관련 사례로는 미국 스탠퍼드대학에서 운영하는 '스탠퍼드 온라인 고등학교Stanford Online High School'를 꼽을 수 있다.

스탠퍼드 온라인 고등학교에서는 화상 대화가 가능한 플랫폼에 약 30개국의 학생들이 동시 접속하여 토론 방식으로 수업을 진행한다. 해당 플랫폼에서는 페이스북의 '좋아요'와 유사한 기능을 통해 강의에 대한 실시간 피드백 전달이 가능하다. 채팅창에서는 자유롭게 질문하고, 언제든 각자의 피드백을 전달할 수 있다. 칠판 앞에서 지식을 일방적으로 전달하는 학교의 모습과 사뭇 다르다.

다만 스탠퍼드 온라인 고등학교 또한 오프라인의 교육 요소를 갖고 있다. 학기 중 모든 수업은 온라인으로 이루어지지만, 여름방학 기간에는 캘리포니아에 위치한 본교에서 오프라인 과정을 제공한다. 해당 기간에 학생들은 리더십 프로그램을 이수하고 함께 여행하며 친목을 도모한다. 학기 중에도 Karaoke Night(가라오케 나이트), Movie Night(무비 나이트) 등 다양한 소셜 프로젝트를 진행한다. 홈스쿨러는 사회성이 결여된다는 편견을 해소하기 위해 학교가 마련한 해결책이다.

오늘날의 학교 시스템은 '성실한 공장 노동자'를 양성하기 위해 만들어졌다. 정해진 규칙을 잘 따르고, 필요한 정보를 정확하게 암기하며, 빠르게 산수 문제를 풀 수 있는 인력을 키워 낸다. 하지만 우리는 디지털 시대를 살고 있다. 상당수의 교육자가 이러한 시스템은 더 이상 적절하지 않다는 것을 인지하기 시작하면서 교육 방식을 서서히 바꿔 가고 있다. 홈스쿨링은 그 노력의 결과물 중 하나다.

미국은 이미 약 3.5%의 청소년들이 홈스쿨링을 통해 교육받는다. 할리우드의 배우인 라이언 고슬링, 테니스 여제 세레나 윌리엄스, 최연소 베스트셀러 작가 크리스토퍼 파올리니 등이 홈스쿨을 통해 기본 교육을 받았다. 국내에서도 악동 뮤지션의 이찬혁·이수현 남매와 〈슈퍼스타 K6〉의 우승자인 곽진언 씨가 홈스쿨러 출신이라고 보도된 바 있다.

새로운 시대에서는 본인만의 색깔이 명확한 친구들이 더 좋은 기회를 잡을 수 있다. 본인만의 색깔은 곧 개성이며, 개성은 창의적 사고를 기반으로 한다. 홈스쿨링은 전통적인 학교 교육보다 창의력 훈련에 더 적합한 교육 방식이다. 100년 넘게 사용하고 있는 2차 산업 시대의 학교 모델을 대체하지 못할 이유가 없다.

25

미국 유학,
보낼까 말까?

필자는 미국 유학을 추천하는데, 그 이유는 크게 세 가지다.

첫째, 호불호는 있지만, 세상을 주도하는 국가는 여전히 미국이다.

중국, 인도 등이 부상하고 있지만 전 세계에서 시가총액이 제일 큰 10개의 회사 중 절반 이상이 미국계 법인이다. 그때그때 조금씩 변하지만 최근 5년을 기준으로 생각해 보면 미국의 헤게모니는 흔들리지 않았다. 오히려 AI를 중심으로 한 기술 혁명으로 인해 미국의 지배력이 더욱더 견고해지는 느낌이다.

예일대학, 하버드대학, MIT, 스탠퍼드대학 등 최고의 교육 기관들도 대부분 미국에 있다. 이곳에서는 시장을 선도하는 기술과 논문들이 쏟아져 나온다.

미국은 금융 강국이기도 하다. 세계 통화의 중심은 달러다. 각국 중앙은행 외환 보유액에서 달러가 차지하는 비중은 약 60% 수준이다. 압도적이라는 표현이 적절해 보인다. 근시일 내에 바뀔 수 있는 구조는 아니다.

둘째, 다른 차원의 네트워크를 구축할 수 있다.

유학을 보낼지 말지 고민하는 부모들의 다수는 '인맥'을 걱정한다. 국내 초·중·고에서 대학까지 이어지는 한국의 인적 네트워크를 무시하지 못한다는 의견이다. 일정 부분 사실이지만 인맥의 퀄리티만 생각하면 유학이 더 좋은 선택일 수 있다.

이미 잘 알려져 있듯이 재벌 2세, 3세들은 대부분 미국에서 수학한다. 한국뿐만이 아니다. 미국의 정·재계 주요 인사의 자녀들은 동부의 명문 사립 기숙학교나 아이비리그 대학으로 진학하는 경우가 많다. 중국, 동남아시아도 마찬가지다. 한국에만 있으면 이들과 접점을 만들 기회조차 생기지 않을 수 있다.

셋째, '생각'할 줄 아는 아이가 된다.

미국식 교육의 가장 큰 특징 중 하나는 방대한 독서량이다. 단순 완독이 아니라 읽은 내용에 대해 깊이 고민하고, 생각을 글로 정리하는 과정이 함께 이루어진다. 독서를 통해 여러 관점을 접할 수 있도록 유도하고, 이를 비판적이면서도 창의적인 방향으로 해석하도록 교육한다.

읽고, 사색하고, 쓰고, 비판하는 과정의 지속적인 반복을 통해 아이들은 입체적인 사고력을 얻게 된다. 일차원적인 생각은 이제 큰 가치가 없다. AI가 머지않아 완벽하게 대체할 것이다. 때문에 3차원, 4차원적인 사고력이 필요하다. 인간지능이 AI보다 더 잘할 수 있는 영역이기 때문이다. 미국식 교육은 이에 대한 답이 될 수 있다.

2000년대 초반 조기 유학 광풍이 불면서 많은 한국 학생이 미국행을 택했지만, 이들의 퍼포먼스가 생각보다 '별로'라는 의견도 많다. 혹자는 조기 유학은 전혀 'ROI(투자 대비 결과물)'가 나오지 않는다고도 주장한다.

필자의 의견은 다르다. 조기 유학을 실패로 단정 지을 수 있는 객관적인 근거는 없는 것으로 알고 있다. 대부분 '카더라 통신'이다. 마치 서울대학 출신 몇몇이 커리어가 망가졌다고 해서 서울대학 졸업생 전체를 매도하는 것과 같다고 생각한다.

필자의 주변에는 조기 유학 후 월가에서 성공적인 뱅커로 활동하는 지인도 있고, 수천억 원 단위의 스타트업을 운영하는 사업가도 있다. 한국으로 다시 돌아와 대형 로펌의 국제 변호사로 활동하는 친구들도 있고, 가족 사업을 성공적으로 넘겨받아 글로벌 사업을 주도하는 멋진 기업인도 다수 존재한다.

부모 입장에서 유학을 결정하는 건 쉽지 않은 일이다. 경제적인 부분도 결코 무시할 수 없고, 각종 마약 사건과 총기 사건은 마음을 더 복잡하게 만든다. 국내에 있는 국제학교, 비인가 사립학교의 수요가 더 커지는 것도 이런 상황과 일맥상통한다. 다만, 그럼에도 불구하고 유학을 결심했고 택일해야 한다면 더 큰 '가치value'를 줄 수 있는 곳으로 베팅해야 한다.

세계의 중심은 미국이다. 이는 쉽게 변할 수 없는 공식이다.

필립스 아카데미, 미국 0.1% 인재 양성소

미국 북동부에는 훌륭한 사립 고등학교가 많다. 뉴잉글랜드 지역의 톱 보딩 스쿨은 다수의 정·재계 핵심 인사들을 배출한 것으로 잘 알려져 있다. 그중에서도 대장을 꼽으라고 한다면 단연 필립스 아카데미Philips Academy다.

필립스 아카데미는 1778년 보스턴 근처에 있는 앤도버라는 소도시에 설립됐다. 가장 역사가 깊은 사립 기숙학교 중 하나인데, 졸업생 리스트를 보면 화려함 그 자체다. 미국 대통령을 역임한 조지 부시George Bush 부자가 졸업했고, 5명 이상의 노벨상 수상자를 배출했다. 이외에도 다수의 억만장자와 다국적 기업의 CEO 그리고 그래미어워드 수상자들이 있다.

말 그대로 상위 0.1%를 양성하는 자타 공인 최고의 교육 기관이라고 볼 수 있는데, 이처럼 오랜 전통과 역사를 자랑하는 필립스 아카데미의 특별함은 무엇일까?

첫째, 방대한 양의 독서량이다.

10일에 한 권꼴로 책을 읽는다. 단순 완독에서 그치는 것이 아니라 읽은 내용에 대해 사색하고 글을 쓰는 과정이 함께 이루어진다. 독서의 스펙트럼도 넓다. 문학, 철학, 종교, 경제 등 영역의 구분이 없다. 학생들이 독서를 통해 다양한 생각의 관점을 접할 수 있도록 유도하고, 이를 비판적으로 해석할 수 있는 능력을 끊임없이 교육한다.

시험을 보는 방식도 마찬가지다. 기본적으로 객관식 테스트는 거의 없다. 읽고, 생각하고, 서술하는 프레임이 교과목 시험에서도 동일하게 적용된다. 발췌된 문항만을 읽고 주어진 옵션 중에서 정답을 기계적으로 선택하는 한국식 교육과는 본질적으로 다르다.

프랑스의 철학자 데카르트는 "좋은 책을 읽는 것은 과거의 가장 훌륭한 사람들과 대화하는 것과 다름없다"라고 얘기했고,

독일의 작가 마르틴 빌저는 "우리는 우리가 읽은 것으로 만들어진다"라고 말했다. 두뇌의 변화가 유연한 청소년기의 독서는 그 임팩트가 더 클 수밖에 없다.

둘째, 높은 성적만을 강요하는 스카이캐슬이 아닌 전인적 인격을 갖춘 사람을 만들고자 노력한다.

필립스 아카데미의 학교 모토는 'non sibi'라는 라틴어다. 영어로 해석하면 'not for self'이고, 이를 한글로 풀면 '내가 아닌 타인을 위해' 정도로 번역할 수 있다. 필립스 아카데미와 같은 미국의 명문 사립 기숙학교들은 학생들에게 커뮤니티의 중요성을 반복적으로 강조한다. 타인에 대한 배려는 일종의 습관과도 같아서 성인이 되기 전에 체화하지 않으면 어른이 돼서도 발현되기 어렵다. 특히, 2023년 공개된 챗GPT와 같은 AI 기술이 사회 구조를 재정의할 것으로 예상되는 가운데, 다수의 전문가는 극단적 개인주의가 더 팽배해질 것이라는 주장을 내놓고 있다. 공동체 의식을 함양하고 공익을 추구하는 교육이 더 중요해질 수밖에 없다는 뜻이다.

미국은 혁신적 기술을 주도하는 국가다. 이런 나라의 핵심 인재들을 오랜 기간 배출한 미국 동부의 사립고등학교가 '커뮤니티 중심 사고'를 핵심 가치로 삼는 것은 우리에게도 시사하는 바가 크다.

셋째, 문제 학생들에게는 철저할 정도로 냉혹하다.

부모가 얼마나 사회적으로 높은 위치에 있고, 얼마나 많은 기부금을 학교에 전달했는지는 중요하지 않다. 성폭행, 성희롱, 음주와 같은 이슈에 있어서는 당연히 어떠한 형태로든 강력한 처벌이 이루어지고, 심지어는 반복적으로 지각하는 학생에 대해서도 한두 번의 경고 후 바로 퇴학 조치까지 진행한다. 말 그대로 '신상필벌(공로가 있는 사람에게는 상을 주고, 죄가 있는 사람에게는 벌을 준다)'이 철저하게 이루어지는 구조다.

필립스 아카데미와 같은 미국 사립학교의 졸업생들은 본인들이 속한 국가 및 사회에서 리더의 역할을 수행할 확률이 높다. 이런 친구들에게 어려서부터 잘못된 행동에는 철저한 대가가 따름을 인식시키는 교육의 중요성은 두말하면 입 아프다. 학교 폭력과 교권 침해가 큰 사회적 이슈가 되고 있는 한국에서도 미국식 사립학교의 시스템을 스터디해 볼 필요가 있다.

필자가 필립스 아카데미를 방문했을 때 학교에 걸려 있던 큰 현수막에는 다음과 같은 문구가 있었다.

"The end depends upon the beginning(결말은 결국 시작에 의존한다)."

한국의 교육 시스템은 대학 '입시' 중심적이다. 고등학교 때까지는 그저 시험을 잘 보는 게 최고라고 믿는다. 이런 환경 속에서 우리 아이가 세계를 주도하는 상위 0.1%가 되기를 바라는 것은 요행에 가깝다.

에필로그

경쟁 없는 사회는 존재하지 않는다.

인간은 본능적으로 '남들보다 더 나은 삶'을 살고 싶어 한다. 디지털 시대에도 마찬가지일 것이다. 기술이 진화하고 사회 트렌드가 바뀌어도 본질은 유지된다. 경쟁이 필연적이라면 이기는 게임을 할 수 있도록 노력해야 하지 않을까? 우리 아이에게 더 많은 옵션을 주고, 자유롭게 선택할 수 있는 기회를 제공하는 것이 부모의 몫이 아닐까? 주춤하고 있는 대한민국이 다시 글로벌 경쟁력을 갖추기 위해서는 교육에서부터 답을 찾아야 하지 않을까?

1%를 양성하는 교육은 아이 스스로 시작하기는 어렵다. 부모들과 교육자들이 함께 노력해야 한다. 작은 시도들이 모여 우

리 아이들의 삶에 큰 변화를 만들 수 있다.

"꿈의 크기가 그 사람의 그릇을 정한다."

인기 웹툰이자 드라마 〈이태원클라쓰〉에 나오는 김다미 배우의 대사. 그녀가 열연한 조이서라는 캐릭터는 IQ 162의 공부 천재이자, 사업 천재다. 게다가 SNS 인플루언서이기도 하니 말 그대로 '사기 캐릭터'다. 이서는 이렇게 말한다.

"사실 성공하는 방법은 누구나 아는 거예요. 그냥 파이팅하면 돼요."

교육도 마찬가지라고 생각한다. 큰 목표를 잡고, 그 목표를 향해 집요하게 노력하는 것. 누구나 다 알지만 실천하기 어려운 성공의 레시피다. 필자는 이미 로켓의 앞자리에 올라탈 수 있는 방법을 제시했다. 이 책이 모든 문제를 해결하는 만능 열쇠는 될 수 없겠지만, 독자들이 새로운 방향으로 나아가는 데 있어 디딤돌 역할을 해 줄 것이라 확신한다. **대한민국에서 제2의 스티브 잡스나 일론 머스크가 탄생하는 데 조금이라도 기여할 수 있다면, 필자는 무척 행복할 것이다.**

세상이 빠르게 변하고 있다. 큰 변화는 큰 기회를 동반한다. 이제는 선택과 실행의 문제다. 글로벌 사회를 주도할 1%의 리더, 절대 불가능하지 않다. 우리도 할 수 있다.

1% 교육

초판 1쇄 인쇄 2025년 2월 4일
초판 1쇄 발행 2025년 2월 25일

지은이 김기영
펴낸이 임충진
펴낸곳 지음미디어
편집 정은아
디자인 김미령

출판등록 제2017-000196호
전화 070-8098-6197
팩스 0504-070-6845
이메일 ziummedia7@naver.com

ISBN 979-11-93780-12-1 (03370)
값 17,000원